U0592709

（清）吴楚材 吴调侯 选编

崔钟雷 编译

GUWENGUANZHI | 古文观止

浙江人民出版社
ZHEJIANG PEOPLE'S PUBLISHING HOUSE

从诸子蜂起、处士横议的百家争鸣，到大师辈出、人文昌盛的文艺复兴，从闪耀着智性之光的启蒙书籍，到弥漫着天真之趣的童话寓言，几千年来，中外文坛一直人才辈出，灿若星辰，佳作更是斗量车载，形形色色。面对如此浩繁的作品，为了让青少年朋友品读到纯正的文化典籍，畅游于古今之间，我们精心编排了本套经典名著丛书。

本套"青少年美绘版经典名著书库"撷取世界文学中的精华，涉及中外名家经典小说、诗歌、杂文、散文等作品，让你充分领略大师的文学风采；甄选中华国学读物《孙子兵法》、《古文观止》、《诗经》等，让你从博大精深的中国传统文化中汲取营养；品鉴外国文学名著《小王子》、《少年维特之烦恼》等，让你和高尚的人谈话，树立坚定的信念；阅读传记、散文《名人故事》、《朱自清散文集》等，让你窥见历史的缩影、沐浴睿智的人文光芒……

本套丛书的编排方式以体裁为纲，选取集知识性、趣味性、教育性于一体的经典名著，更有大量与作品内容相得益彰的精美绘图，达成文本阅读与艺术欣赏的相互促进，从而使青少年能够保持一种活泼的读书状态，让他们真正能够走进文学殿堂，获得文学的滋养，领略文学之美。如果这一增长见识、愉悦身心的精神盛宴能够得到青少年朋友的喜爱，那将是我们最大的幸福和希冀。

GUWENGUANZHI 古文观止

目 录 MULU CONTENTS

「第一卷」 周文
volume 01

「第二卷」 周秦文
volume 02

「第三卷」 volume 03 汉文

「第四卷」 volume 04 六朝唐文

「第五卷」 volume 05 唐宋文

「第六卷」宋文
volume 06

「第七卷」明文
volume 07

青|少|年|美|绘|版|经|典|名|著|书|库

QINGSHAONIAN MEIHUIBAN JINGDIAN MINGZHU SHUKU

·············【经典收藏】·············

卷一 周文

  《左传》是我国史学上的名著，同《春秋》一起被历代奉为经典。《春秋》措辞隐晦、记载简略，不便阅读，因此后人纷纷注疏阐释，但流传至今的只有《公羊传》《穀梁传》《左传》。其中《左传》是最为重要的编年体史书，它分条附在《春秋》之后，故称《左氏春秋》，又称《春秋左氏传》，简称《左传》。《左传》全书共30卷，按鲁国12位国君在位的顺序分年记史，起自鲁隐公元年（前722），终于鲁悼公四年（前464），共记载了259年的史实，计18万余字，大部分内容是传注《春秋》的重要史实，用事实解释《春秋》。它广泛采用当时的史书记载、旧文简册和口头历史传说，删繁就简，内容丰富，叙述详尽，系统地记述了春秋时代周王朝及各诸侯国在政治、经济、军事、文化等各方面所发生的事件，比如聘问、会盟、征伐、城筑、婚丧、篡弒、族灭、死亡等。展示了在当时的社会背景下诸侯、卿大夫的活动及各诸侯之间错综复杂的角逐，深刻地揭示了社会变动的内在原因及其趋向。

  《左传》还擅于通过个体的人物活动去展示历史画面，共记述了数百次军事战争，其中最富有文学色彩的部分是应对辞令。

  《左传》被后世称为"叙事之最"，是我国叙事散文成熟的标志。其中有不少名篇在文学史上有很高的地位。它不但是我国杰出的编年史著作，还是我国古代一部优秀的文学著作。

郑伯克段于鄢

《左传·隐公元年》

原文

　　初，郑武公娶于申，曰武姜。生庄公及共叔段。庄公寤生，惊姜氏，故名曰寤生，遂恶之。爱共叔段，欲立之。亟请于武公，公弗许。

　　及庄公即位，为之请制。公曰："制，岩邑也，虢(guó)叔死焉。他邑唯命。"请京，使居之，谓之"京城大叔"。祭仲曰："都城过百雉，国之害也。先王之制，大都，不过参国之一；中，五之一；小，九之一。今京不度，非制也，君将不堪。"公曰："姜氏欲之，焉辟害？"对曰："姜氏何厌之有！不如早为之所，无使滋蔓。蔓，难图也。蔓草犹不可除，况君之宠弟乎！"公曰："多行不义必自毙，子姑待之。"

　　既而，大叔命西鄙、北鄙贰于己。公子吕曰："国不堪贰，君将若之何？欲与大叔，臣请事之；若弗与，则请除之，无生民心。"公曰："无庸，将自及。"大叔又收贰以为己邑，至于廪(lǐn)延。子封曰："可矣，厚将得众。"公曰："不义不昵，厚将崩。"

　　大叔完聚，缮(shàn)甲兵，具卒乘，将袭郑，夫人将启之。公闻其期，曰："可矣！"命子封帅车二百乘以伐京。京叛大叔段，段入于鄢(yān)，公伐诸鄢。五月辛丑，大叔出奔共。

　　书曰："郑伯克段于鄢。"段不弟，故不言弟。如二君，故曰"克"。称郑伯，讥失教也。谓之郑志，不言出奔，难之也。

　　遂置姜氏于城颍(yǐng)，而誓之曰："不及黄泉，无相见也！"既而悔之。颍考叔为颍谷封人，闻之，有献于公。公赐之食，食舍肉。公问之，对曰："小人有母，皆尝小人之食矣。未尝君之羹，请以遗之。"公曰："尔有母遗，繄(yī)我独无！"颍考叔曰："敢问何谓也？"公语之故，且告之悔。对曰："君何患焉！若阙地及泉，隧而相见，其谁曰不然？"公从之。公入而赋："大隧之中，其乐

也融融！"姜出而赋："大隧之外，其乐也洩洩！"遂为母子如初。

君子曰："颍考叔，纯孝也，爱其母，施及庄公。《诗》曰：'孝子不匮，永锡尔类。'其是之谓乎！"

译文

当初，郑武公从申国娶了一位女子做夫人，名字叫做武姜。武姜生了庄公和共叔段。庄公出生时难产，使姜氏受到惊吓，所以给庄公取名寤生，姜氏因此很讨厌他。姜氏很宠爱共叔段，想立他为太子，就多次向郑武公请求，郑武公始终不同意。

等到庄公即位后，姜氏便替共叔段请求把制邑作为封地。庄公说："制邑是险要的城市，虢叔曾在那里丧生。如果您提其他封地，那我一定照办。"姜氏又为共叔段请封京邑，庄公便让共叔段住在那儿，因此人们称共叔段为"京城太叔"。祭仲对庄公说："封邑的城墙如果超过三百丈，就是国家的祸患。先王规定的制度：大城不得超过国都的三分之一，中城不得超过五分之一，小城不得超过九分之一。现在京邑的大小不合规定，太叔不遵守先王的制度，国君您将要控制不了。"庄公说："姜氏她要这样做，我怎能另想办法避开祸患呢？"祭仲回答说："姜氏哪有满足的时候呢？我看不如早些对他们另行安排，不要让他们的势力滋长蔓延。如果蔓延起来就难以对付了。蔓延的野草尚且不易铲除掉，更何况是您那受宠的弟弟呢？"庄公说："不公正不合理的事情干得多了，必然会自取灭亡，您且等着看他的下场吧！"

过了不久，太叔命令西方和北方的边邑既属于庄公，又属于自己。公子吕便向庄公进谏说："国家不能承受分属二主的情况，您打算怎么办呢？如果您想把君位让给太叔，就请允许我前去侍奉他；假如不想让位给他，那就请您铲除他，不要使百姓产生二心。"庄公说："不用那样做，他将会自己招致灾祸的。"太叔又进一步将那二属的地区据为己有，地盘一直扩展到了廪延。子封说："可以兴师问罪了。他的土地日益扩大，将会得到更多的民众。"庄公答道："他对国君不义，对兄长不亲，纵然土地扩大了，也必将崩溃。"

太叔于是大力修葺城池，屯聚粮食，修缮盔甲武器，招募步兵、车兵，将要偷

袭郑国首都。姜氏也打算打开城门做内应。庄公探听到太叔发动突袭的日期，就说："现在可以兴师问罪了。"于是命令公子吕统率二百辆战车，大举讨伐京邑。京邑的百姓都纷纷背叛太叔段，太叔段就逃到鄢邑。庄公又发兵讨伐鄢邑。在隐公元年五月二十三日，太叔仓皇逃亡到共国去了。

《春秋》是这样写的："郑伯克段于鄢。"共叔段不恪守做弟弟的本分，所以不称他为"弟弟"。如同两个君主相争，所以叫做"克"。称呼庄公为"郑伯"，是讥讽他有失教弟之道。说郑伯存有纵弟为恶而故意杀他的心思，不说共叔段自动逃亡外地，是隐含着责难郑庄公逼走共叔段的意思。

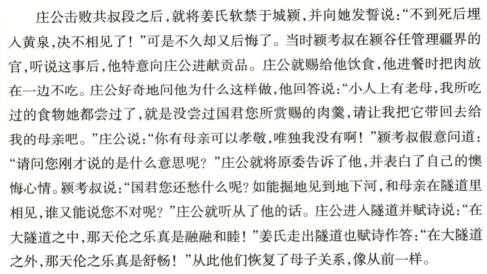

庄公击败共叔段之后，就将姜氏软禁于城颍，并向她发誓说："不到死后埋入黄泉，决不相见！"可是不久却又后悔了。当时颍考叔在颍谷任管理疆界的官，听说这事后，他特意向庄公进献贡品。庄公就赐给他饮食，他进餐时把肉放在一边不吃。庄公好奇地问他为什么这样做，他回答说："小人上有老母，我所吃过的食物她都尝过了，就是没尝过国君您所赏赐的肉羹，请让我把它带回去给我的母亲吧。"庄公说："你有母亲可以孝敬，唯独我没有啊！"颍考叔假意问道："请问您刚才说的是什么意思呢？"庄公就将原委告诉了他，并表白了自己的懊悔心情。颍考叔说："国君您还愁什么呢？如能掘地见到地下河，和母亲在隧道里相见，谁又能说您不对呢？"庄公就听从了他的话。庄公进入隧道并赋诗说："在大隧道之中，那天伦之乐真是融融和睦！"姜氏走出隧道也赋诗作答："在大隧道之外，那天伦之乐真是舒畅！"从此他们恢复了母子关系，像从前一样。

君子说："颍考叔，是纯正的孝子。他非常敬爱他的母亲，又能将孝道推广到庄公身上。《诗经》中有这样的话：'孝子的孝心无穷无尽，他永远把自己的孝心分给同类的人。'说的大概就是这种情况吧！"

▣ 作品赏析 ▣

春秋是战乱纷繁的时代，各国的对外战争与内部倾轧并存，父子、兄弟残杀的事件不断发生。这篇文章记述的是郑庄公平定弟弟共叔段与母亲姜氏发动叛乱的故事。作者用简洁的笔墨，把郑庄公用老谋深算的政治手腕将共叔段一步

步逼上死路的经过，通过郑庄公的行事与话语，十分生动精确地刻画了出来，进而从侧面阐述了《春秋》原文对郑庄公的狡诈不孝与不讲兄弟情义的贬斥。最后母子相见的情节也一向为人称道，无论是颖考叔的机智善谏还是郑庄公的悔恨都写得委婉动人，开以抒情笔墨写史之先河。

曹刿论战

《左传·庄公十年》

原文

齐师伐我，公将战，曹刿请见。其乡人曰："肉食者谋之，又何间(jiàn)焉？"刿曰："肉食者鄙，未能远谋。"乃入见，问："何以战？"公曰："衣食所安，弗敢专也，必以分人。"对曰："小惠未遍，民弗从也。"公曰："牺牲玉帛，弗敢加也，必以信。"对曰："小信未孚(fú)，神弗福也。"公曰："小大之狱，虽不能察，必以情。"对曰："忠之属也，可以一战。战则请从。"

公与之乘(chéng)，战于长勺。公将鼓之，刿曰："未可。"齐人三鼓，刿曰："可矣！"齐师败绩。公将驰之，刿曰："未可。"下视其辙，登轼而望之，曰："可矣！"遂逐齐师。

既克，公问其故，对曰："夫战，勇气也。一鼓作气，再而衰，三而竭。彼竭我盈，故克之。夫大国，难测也，惧有伏焉。吾视其辙乱，望其旗靡(mǐ)，故逐之。"

译文

齐国军队讨伐鲁国，鲁庄公准备率军迎战，曹刿请求觐见庄公。他的乡亲们说："这是大官们考虑的事，你何必参与呢？"曹刿说："当官的人见识鄙陋，不能

深谋远虑。"于是他就觐见庄公。曹刿问庄公道:"您凭借什么作战?"庄公说:"衣食等安身立命的东西,我不敢独享,必定把它们分给百姓。"曹刿说:"小恩小惠没有遍及百姓,百姓是不会跟从您的。"庄公说:"牛、羊、猪等祭祀的牲畜,美玉、丝帛等祭品,我不敢虚报数目,必定诚实。"曹刿回答说:"只在小事上讲诚信,不能使鬼神信服,鬼神也不会赐福。"庄公又说:"不论大小诉讼案件,虽不能一一明察,但必定按实情审判处理。"曹刿回答说:"这算是忠于本职了,可以凭着这个条件与齐国作战。如要作战,请让我跟您同去。"

庄公就和曹刿同乘一辆兵车,在长勺与齐军交战。庄公将要击鼓进军,曹刿说:"不行。"等到齐军击鼓三次之后,曹刿才说:"可以进军了。"于是齐军被打得大败而逃。庄公又要下令驱车追击齐军,曹刿说:"不行。"他下车察看齐军留下的车辙印,又上车靠着车前横木观望齐军,然后果断地说:"可以追击了。"于是鲁军便乘胜追击齐军。

战胜齐军之后,庄公询问其中缘故。曹刿回答说:"作战,靠的是士兵的勇气。第一次击鼓,能振作士气;第二次击鼓,士气就有些衰竭了;第三次击鼓,士气就耗尽了。他们的士气耗尽,而我们的士气正高涨充沛,所以能战胜他们。大国,是难以猜测的,恐怕他们设下伏兵。我看到他们的车辙纷乱,又观望到他们的旗帜东倒西歪,所以决定追击他们。"

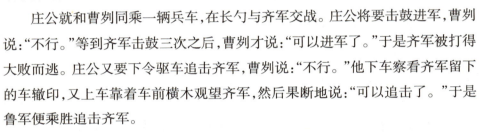

作品赏析

历史上的长勺之战是春秋时期的一次著名战役,记载这次战役的文字也是《左传》中著名的篇章。文章以传神的笔墨记载了曹刿自荐与破敌的经过,在他的身上,体现了一个普通百姓以国家利益为重及参政议政的自觉性。"肉食者鄙,未能远谋"这句名言,也成为后人批判官僚尸位素餐的诛心之论。不过,从另一个角度上讲,鲁庄公与手下大臣能在危难时认识到自己的无能,让曹刿得以自由发挥自己的才干,不能不说是难能可贵的。本文写曹刿先是蓄气破敌,继而谨慎从事、不贸然追击敌人,十分细致精彩。文章通过问答与动作描写,在极混乱紧张的战

争场面中烘托出曹刿的智谋与冷静,使史笔与文学家之笔高度结合。

烛之武退秦师

《左传·僖公三十年》

原文

晋侯、秦伯围郑,以其无礼于晋,且贰于楚也。晋军函陵,秦军氾南。

佚之狐言于郑伯曰:"国危矣!若使烛之武见秦君,师必退。"公从之。辞曰:"臣之壮也,犹不如人。今老矣,无能为也已。"公曰:"吾不能早用子,今急而求子,是寡人之过也。然郑亡,子亦有不利焉。"许之。

夜,缒(zhuì)而出,见秦伯曰:"秦、晋围郑,郑既知亡矣。若郑亡而有益于君,敢以烦执事。越国以鄙远,君知其难也,焉用亡郑以陪邻?邻之厚,君之薄也。若舍郑以为东道主,行李之往来,共其乏困,君亦无所害。且君尝为晋君赐矣,许君焦、瑕,朝济而夕设版焉,君之所知也。夫晋,何厌之有?既东封郑,又欲肆其西封。若不阙秦,将焉取之?阙秦以利晋,唯君图之!"

秦伯说,与郑人盟,使杞子、逢孙、杨孙戍之,乃还。子犯请击之,公曰:"不可。微夫人之力不及此。因人之力而敝之,不仁;失其所与,不知;以乱易整,不武。吾其还也。"亦去之。

译文

晋侯联合秦伯率军围攻郑国国都,理由是郑国以前对晋国不以礼相待,并且对晋国怀有二心,暗地里亲近楚国。当时,晋国驻军于函陵,秦国驻军于氾水之南。

佚之狐对郑伯说:"郑国的处境很危险了!如果能派烛之武去见秦君,一定

7

能说服他退兵。"郑伯听从了他的建议，将烛之武请来。烛之武推辞说："臣在壮年时，尚且不如别人，现在老了，就更没有什么作为了。"郑伯致歉说："我不能早些重用您，而在国家危难之际才向您求助，这是我的过错。然而郑国灭亡了，对您也不利啊！"于是烛之武就答应了郑伯。

趁着夜晚，郑国人用绳子将烛之武绑住，从城上吊下城去。见到秦伯，烛之武就说："秦、晋两国军队围攻郑国，郑国已自知必亡了。如果灭掉郑国而对您有好处，又怎么敢劳烦贵国的执事呢？可是越过晋国而占领远方的郑国作为东部边境，您一定知道它的困难。您又何必消灭郑国而增强邻邦的实力呢？邻邦国力增强了，您的国力也就相对削弱了。倘若放弃灭郑的打算，而让郑国作为您开拓东方道路上的主人，您的使者往来，我们郑国可以随时供给他们所缺乏的粮草物资，对您也没有什么害处。况且，您曾经对晋君施以恩赐，他也曾答应把焦、瑕二邑割让给您。然而，他早上才渡河归晋，傍晚就筑城拒秦而自食其言了，这您是知道的。那晋国的贪欲怎会有满足之时？它既将郑国当做东部的疆界，又想扩张西部的疆界，如不损害秦国，又将向谁夺取土地呢？使秦国受损害而使晋国受益，希望您还是好好考虑这其中的利害关系吧！"

秦伯赞同他的话，就与郑国订立了盟约，然后派遣杞子、逢孙、杨孙在郑国戍守，自己便引军回国了。子犯看到这种情况后请求晋侯下令追击秦军，晋侯说："不行。如果不是秦君的大力支持，我就不会达到今天这个位置。依靠人家的力量成功，又去损害他，是不仁义的；丧失友好的盟国，是不明智的；以分裂关系代替联合，是不勇武的。我们还是回去吧。"于是晋军也从郑国撤走了。

作品赏析

晋、秦两个大国联合起来攻打郑国，郑国危如累卵，于是派出了烛之武去瓦解离间两国。烛之武的说辞完全围绕着秦国的利害展开。当时秦穆公励精图治，有问鼎中原之志，所以烛之武以灭郑对秦无利作为论辩的核心，指出亡郑的结果是"陪邻"，而"邻之厚，君之薄"也；在主动表示与秦友好的前提下揭示晋国种种背信弃义的行为。秦穆公为了自己的利益，同意烛之武退兵的请求。春秋时期诸侯之间的结

盟往往是以各自的利益为中心的,烛之武抓住这点进行击破,所以取得了胜利。

介之推不言禄

《左传·僖公二十四年》

原文

晋侯赏从亡者,介之推不言禄,禄亦弗及。

推曰:"献公之子九人,唯君在矣。惠、怀无亲,外内弃之。天未绝晋,必将有主。主晋祀(sì)者,非君而谁?天实置之,而二三子以为己力,不亦诬乎?窃人之财,犹谓之盗,况贪天之功以为己力乎?下义其罪,上赏其奸,上下相蒙,难与处矣。"其母曰:"盍(hé)亦求之?以死谁怼(duì)?"对曰:"尤而效之,罪又甚焉。且出怨言,不食其食。"其母曰:"亦使知之,若何?"对曰:"言,身之文也。身将隐,焉用文之?是求显也。"其母曰:"能如是乎?与汝偕隐。"遂隐而死。

晋侯求之不获,以绵上为之田,曰:"以志吾过,且旌(jīng)善人。"

译文

晋文公归国为君之后,赏赐随他逃亡的群臣。唯独介之推不称功求文公封赏,封赏也没轮到他。介之推说:"献公有九个儿子,八个已死去,只有文公一人还在。惠公、怀公没有与其亲近的人,国外诸侯和国内臣民都厌弃他们。只要上天还没有让晋国绝灭,国家必定有君主。能主持晋国宗庙祭奠而继承王位的,不是文公又是谁呢?这真是上天的安排,而这些随从流亡的人却以为是因为他们的力量,这难道不是一种欺妄吗?窃取人家的财物,还叫做盗贼呢;何况贪占上天之大功,而当做自己的功劳呢?在下的臣子把欺妄之罪当做合理的事,在上的国君对这种欺骗行为加以奖赏，上下互相欺蒙，我就很难和他们共处了！"介之推的母亲说："你何不也去求赏呢？不然，就这样死了，又去怨恨谁呢？"介之推回答："我既然斥责贪天之功为罪过，又去效仿他们求取奖赏，那罪过就更严重了。况且我已对上下相欺之事有怨言，就更不应再享受那些封赏。"他的母亲又说："也该让国君知道你的功劳，你认为如何？"他又回答："言辞，是人身上的纹饰啊。我就要退隐了，何需再加纹饰呢？如果再加纹饰，这就是又有自求显达之心啊。"他的母亲最后说："你真能这样吗？那么，我就和你一同隐居起来吧。"于是，他们母子就隐居山林而死。

晋文公派人到处寻觅介之推，没有找到，他就把绵上之地作为介之推的祭田。晋文公说："借此记下我忘记圣贤的过失，并表彰世间的善人。"

作品赏析

介之推是随从晋文公流亡国外的功臣，曾割股给晋文公充饥。晋文公继位后，封赏功臣，介之推没有声张，晋文公因事情繁多，一时疏忽，没有封赏他，他便隐居绵上以终。据传晋文公曾放火烧山逼介之推出山，介之推与母亲誓不出山而被烧死，后人因此用寒食禁火的风俗来纪念他。本文着重记载了介之推决定隐居时与母亲的一番对话，所说的是当时也是后世一直很敏感的问题，即有功之臣怎样正确对待君主与自己。介之推认为国君上应天命，功臣不应该邀功求赏，这一出世高蹈、功成不居的思想被后世奉为隐士清高淡泊的准则。晋文公的表现，在本文中虽仅一两句话，但仍反映了他爱贤善省的高尚品格。

子鱼论战

《左传·僖公二十二年》

原文

楚人伐宋以救郑。宋公将战。大司马固谏曰："天之弃商久矣，君将兴

之,弗可赦也已。"弗听。

及楚人战于泓。宋人既成列,楚人未既济。司马曰:"彼众我寡,及其未既济也,请击之。"公曰:"不可。"既济而未成列,又以告。公曰:"未可。"既陈而后击之,宋师败绩。公伤股,门官歼焉。

国人皆咎公。公曰:"君子不重伤,不禽二毛。古之为军也,不以阻隘也。寡人虽亡国之余,不鼓不成列。"子鱼曰:"君未知战。勍(qíng)敌之人,隘而不列,天赞我也。阻而鼓之,不亦可乎? 犹有惧焉。且今之勍者,皆吾敌也。虽及胡耇,获则取之,何有于二毛? 明耻教战,求杀敌也。伤未及死,如何勿重? 若爱重伤,则如勿伤;爱其二毛,则如服焉。三军以利用也,金鼓以声气也。利而用之,阻隘可也。声盛致志,鼓儳可也。"

译文

楚国为了援救郑国,就发兵攻打宋国。宋襄公将要迎战,大司马子鱼极力劝谏说:"上天不肯降福给殷商由来已久了,尽管国君您想复兴图霸,但是违背天意,是不可宽赦的啊。"宋襄公不听从他的意见。

于是,宋军与楚军大战于泓水。宋国军队已经排成战斗阵列,楚国军队却还没有全部渡河。司马子鱼说:"他们士兵多,我们士兵少,趁他们尚未全部渡河,请立刻下令攻击他们。"宋襄公说:"不行。"后来,楚军已全部渡河,但还没有布好阵列。子鱼又将情况告诉宋襄公,劝他下令出击。襄公还是说:"不行。"一直等到楚军完全布好阵列,宋军才发动攻击,结果宋军惨败。宋襄公伤了大腿,护驾的近卫军全被歼灭。

国人都指责襄公。襄公说:"君子在作战中不对受伤者再加伤害,不擒捉头发斑白的人。古代用兵的原则,不凭借险恶地形攻击敌人。寡人虽是亡国的殷商后代,但是我要遵循古训,不进攻未摆开阵列的敌军。"子鱼说:"国君您不懂得作战的原则。那强劲之敌陷于险地而又未成阵列,这是上天帮助我们啊! 趁此机会截击他们,有何不可? 这样还恐怕不能取胜呢! 况且今日的强劲之军都是我们的敌人。即使其中有的人已到老年,但在战斗中也要擒捉他,何况那头发斑白的

人呢？教导士兵明白战争中失败是耻辱，教导将士要英勇战斗，目的是要求他们杀敌啊！只伤了敌人而没有杀死他们，怎么不可再杀伤他呢？如果怜惜他们，不再杀伤，那还不如当初就不伤他；怜惜那头发斑白的人，不加擒捉，那还不如当初就早早地向他屈服。指挥三军作战的原则，是要掌握有利条件，见机而动啊！鸣金击鼓，是用来壮声气、齐号令啊！既然要掌握有利条件，见机而动，那么，在险隘之地截击敌军是可以的啊！鼓声大振是为了有力地鼓舞斗志，对立足未稳、阵列不整的敌军发动攻击也是可以的。"

作品赏析

这篇文章记叙的是泓水之战的经过。僖公二十一年(前639)，宋襄公召集诸侯会盟，受到楚国的侮辱，因此第二年起兵攻打亲楚的郑国以报复，宋襄公的军队与援郑的楚军在泓水交战，被打得大败。文章写宋襄公为得人心，表现自己霸主的气度，在对敌作战时还满口仁义道德、墨守成规，结果兵败受伤，引起国人的强烈不满。作者对宋襄公的愚昧和迂腐抱嘲笑的态度，所以把重点放在子鱼对他的批判上，以冷峻的笔墨对他进行挖苦讽刺。

郑子家告赵宣子

《左传·文公十七年》

原文

晋侯合诸侯于扈，平宋也。于是晋侯不见郑伯，以为贰于楚也。

郑子家使执讯而与之书，以告赵宣子，曰："寡君即位三年，召蔡侯而与之事君。九月，蔡侯入于敝邑以行。敝邑以侯宣多之难，寡君是以不得与蔡侯偕。十一月，克减侯宣多，而随蔡侯以朝于执事。十二年六月，归生佐寡君之嫡夷，以请陈侯于楚而朝诸君。十四年七月，寡君又朝，以藏陈事。十五年五月，陈侯自敝邑往朝于君。往年正月，烛之武往朝夷也。八月，寡君又往朝。以陈、蔡之密迩于楚而不敢贰焉，则敝邑之故也。虽敝邑之事君，何以不免？在位之中，一朝于襄，而再见于君。夷与孤之二三臣相及于绛，虽我小国，则蔑以过之矣。今大国曰：'尔未逞吾志。'敝邑有亡，无以加焉。古人有言曰：'畏首畏尾，身其余几？'又曰：'鹿死不择音。'小国之事大国也，德，则其人也；不德，则其鹿也。铤而走险，急何能择？命之罔极，亦知亡矣。将悉敝赋以待于鯈，唯执事命之。文公二年，朝于齐。四年，为齐侵蔡，亦获成于楚。居大国之间而从于强令，岂其罪也？大国若弗图，无所逃命。"

晋巩朔行成于郑，赵穿、公婿池为质焉。

译文

晋灵公在扈邑与诸侯会盟，是为了与宋国讲和。当时，晋灵公不肯与郑穆公相见，认为他对晋国有二心而对楚国友好。

大夫郑子家派人送书信给晋卿赵盾，信中说："寡君继位三年，就曾召请蔡侯和他一起服侍晋襄公。九月，蔡侯先到敝国，而又去朝见晋国。当时，敝国因有侯宣多之乱，寡君未能与蔡侯同行。十一月，侯宣多之乱稍稍平息，寡君就随蔡侯前去朝晋。十二年六月，归生我辅佐寡君的太子夷，曾请命于楚而与陈侯俱朝于晋。十四年七月，寡君又亲往朝拜，以助陈侯完成从前朝晋之事，使之更加圆满。十五年五月，陈侯刚继位，就从敝国往朝晋君。去年正月，烛之武又辅佐太子夷前往朝于晋。八月，寡君又去朝见。陈、蔡两国与楚为近邻，而不敢不顺从晋国，就是由于敝国在中间起作用的缘故啊！虽然敝国这样殷勤地服侍晋君，为何仍不免于罪咎呢？自寡君继位，一次朝见贵国襄公，两次朝见今晋侯。太子夷与我等几个老臣时常到绛城朝见。虽然我们是小国，但是侍奉大国之礼没有比这更周全的了。现在，大国却说：'郑国还没有使我称心满意。'这样，敝国只有灭亡而已，事实上是不可能再增加事晋之礼了。古人说：'前瞻后顾，害怕头又害怕尾，中间身子又剩下多少？'又说：'野鹿濒死时不暇选择庇荫之所。'小国侍奉大国，如果大国以德相加，小国就可以用人道对待大国；如果不以德相加，小国就只好像'不择荫'的鹿那样了；只能急闯险关，怎顾得选择庇荫的地方呢？晋国责令苛刻，没有止境，我们也自知事晋、叛晋都要亡国，就干脆聚集国中的人力物力，在晋、郑边境的鯈地等着你们，只听你们执事的吩咐。从前，敝邑之文公二年，朝见齐桓公。四年，助齐国侵伐蔡国，同时又与楚国订立和约。居于大国晋、楚之间，而屈从于大国的压力，难道是小国的罪过吗？大国如不考虑体恤郑国，我们只好不回避讨伐之罪，陈兵待命！"

　　于是，晋国就派大夫巩朔前往郑国议和，并且将晋卿赵穿、公婿池作为人质留在郑国。

作品赏析

　　郑国地处中原，夹在争霸的晋国与楚国之间，顺楚则晋国来攻，顺晋则被楚讨伐，日子十分难过。郑子家在写给晋国执政赵宣子的这封信中，对晋国的指责针锋相对地进行回击。子家先历数郑国对晋国的忠诚，阐明立场；继而强调郑国顺服楚国是不得已，从而得出"居大国之间，而从于强令，岂其罪也"的结论，暗中指责晋国无力保护郑国。子家又利用晋楚对立的矛盾，在表示顺晋的同时，回击晋国的无理谴责，理直气壮地声明，晋国若逼人太甚的话，郑国将拼死一战。子家的书信虽多外交辞令，但善于用事实说话，做到有理有节，柔中有刚，攻守严密，使对方无懈可击，是理辞俱胜的篇章。

小百科 / XiaoBaiKe

　　重瞳即"一目两眸"，就是一个眼睛中有两个瞳孔。由于眼珠颜色浅深不一，看上去就像是大瞳孔套小瞳孔，所以叫重瞳。古人认为重瞳是一种异相、吉相，象征着吉祥和富贵，往往是帝王的象征。历史上舜、楚霸王项羽以及大词人南唐后主李煜都是"重瞳"。此外，重瞳的人还有符坚的大将、曾镇守西域、后来开国后凉的吕光，五代十国的北汉刘崇，元末大夏政权的创建者明玉珍。

齐国佐不辱命

《左传·成公二年》

原文

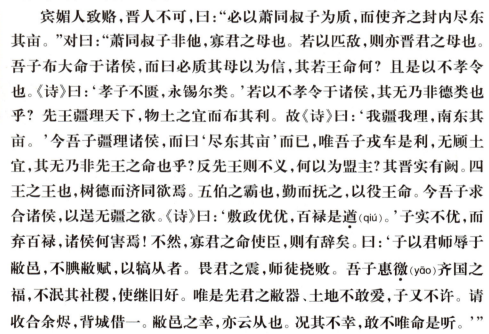

晋师从齐师，入自丘舆，击马陉。齐侯使宾媚人赂以纪甗(yǎn)、玉磬与地，"不可，则听客之所为。"

宾媚人致赂，晋人不可，曰："必以萧同叔子为质，而使齐之封内尽东其亩。"对曰："萧同叔子非他，寡君之母也。若以匹敌，则亦晋君之母也。吾子布大命于诸侯，而曰必质其母以为信，其若王命何？且是以不孝令也。《诗》曰：'孝子不匮，永锡尔类。'若以不孝令于诸侯，其无乃非德类也乎？先王疆理天下，物土之宜而布其利。故《诗》曰：'我疆我理，南东其亩。'今吾子疆理诸侯，而曰'尽东其亩'而已，唯吾子戎车是利，无顾土宜，其无乃非先王之命也乎？反先王则不义，何以为盟主？其晋实有阙。四王之王也，树德而济同欲焉。五伯之霸也，勤而抚之，以役王命。今吾子求合诸侯，以逞无疆之欲。《诗》曰：'敷政优优，百禄是遒(qiú)。'子实不优，而弃百禄，诸侯何害焉！不然，寡君之命使臣，则有辞矣。曰：'子以君师辱于敝邑，不腆敝赋，以犒从者。畏君之震，师徒挠败。吾子惠徼(yāo)齐国之福，不泯其社稷，使继旧好。唯是先君之敝器、土地不敢爱，子又不许。请收合余烬，背城借一。敝邑之幸，亦云从也。况其不幸，敢不唯命是听。'"

译文

晋军追逐失败的齐军，自丘舆攻入齐国，又进击马陉。齐君派遣宾媚人带着从纪国获取的纪甗、玉磬，并奉献从鲁、卫得到的土地贿赂晋国，请求议和。同时也另有指示："如果晋国拒绝议和，那就听凭他们去做。"

当宾媚人向晋国致送这些东西时，果然遭到他们拒绝，他们扬言："一定要萧国国君同叔的女儿做人质，并且要将齐国境内的垄亩田埂都改成东西走向。"宾媚人回答："萧国国君同叔的女儿不是别人，正是我们国王的母亲啊。如果彼此对等地看待，她也就像是晋君的母亲啊。您向诸侯发布重大的命令，却说'必将他的母亲作为人质以取信'，那如何对待先王以孝治天下的遗命呢？况且，这是以不孝来诏令天下啊。《诗经》中说：'孝子的美德不竭不已，他永远把孝道赐及同类。'如对诸侯发出不孝的诏令，那恐怕不是把孝德施于同类吧？先王规划天下疆界，区分条理，考察土地性质特点，从而作有利于生产的布置。所以《诗经》中说：'规划土地疆界，治理农田，有的南北向，有的东西向。'现在您为诸侯划分疆界，治理农田，而说'田垄要完全改为东向'，只是为了使晋军行驶兵车方便，而不顾及土地种植之利，恐怕也不是遵从先王的遗命吧？违反先王之道就是不义，怎能做诸侯的盟主呢？这样的话，晋国实在也有不对的地方吧！四王所以能统治天下，是由于他们树立善德而使诸侯实现共同的愿望。五伯所以称霸天下，是由于他们既勤劳而又能安抚诸侯，为王命奔走效劳。现在您要求主持会合诸侯，却只想满足自己无止境的欲望。《诗经》中说：'施行政令宽和，所以百福归聚。'如果您实在不肯宽和，从而使自己抛弃百福，这对诸侯又有什么害处呢？如果始终不答应议和，那么，我们的国王派遣使臣时，还有话要说。他说：'晋君发兵屈驾光临敝国，我们虽然只有不太雄厚的物力，但是还可以犒劳晋军。因为畏惧晋君之武威，齐军已挫败了。如今我们只想借晋君的恩惠，使齐国求得幸福，国家不致灭亡，能与晋继续保持过去的友好关系，那么先君留下的破旧器物、土地，我们不敢私自喜爱，将它奉献于您，如果您又不接受，那就请让我们收拾残兵余勇，再靠着我们的城墙决一死战！即使敝国有幸取得胜利，也还是向晋求和；如果敝国不幸失败，又岂敢不唯命是听？'"

作品赏析

　　国佐面对胜券在握、怒气冲冲的敌人，恰到好处地使用外交谈判的手段与辞令来完成难度很大的讲和任务，在这里国佐进行了精彩的表演。当时晋国在

鞌地大败齐军后，向齐国国都挺进，齐国精锐尽失，危在旦夕。盛气凌人的晋军被胜利冲昏了头脑，提出了荒谬的讲和条件，没想到给国佐抓住了把柄，进行了犀利的反击，一下子扭转了逆势；晋国在理屈词穷的被动局面下，最终为维护表面上的道义，答应讲和。引用经典、以理服人是国佐取得胜利的关键。

祁奚请免叔向

《左传·襄公二十一年》

原文

　　栾盈出奔楚。宣子杀羊舌虎，囚叔向。人谓叔向曰："子离于罪，其为不知乎？"叔向曰："与其死亡若何？《诗》曰：'优哉游哉，聊以卒岁。'知也！"

　　乐王鲋（fù）见叔向，曰："吾为子请！"叔向弗应。出，不拜。其人皆咎叔向。叔向曰："必祁大夫。"室老闻之，曰："乐王鲋言于君无不行，求赦吾子，吾子不许。祁大夫所不能也，而曰必由之，何也？"叔向曰："乐王鲋，从君者也，何能行？祁大夫，外举不弃仇，内举不失亲，其独遗我乎？《诗》曰：'有觉德行，四国顺之。'夫子，觉者也。"

　　晋侯问叔向之罪于乐王鲋，对曰："不弃其亲，其有焉？"于是祁奚老矣，闻之，乘驲而见宣子，曰："《诗》曰：'惠我无疆，子孙保之。'《书》曰：'圣有谟勋，明征定保。'夫谋而鲜过，惠训不倦者，叔向有焉，社稷之固也，犹将十世宥之，以劝能者。今壹不免其身，以弃社稷，不亦惑乎！鲧殛（gǔn jí）而禹兴。伊尹放大甲而相之，卒无怨色。管、蔡为戮，周公右王。若之何其以虎也弃社稷？子为善，谁敢不勉？多杀何为？"宣子说，与之乘，以言诸公而免之。不见叔向而归。叔向亦不告免焉而朝。

译文

　　因获罪于范宣子，栾盈被逐，逃亡到楚国。范宣子杀死了栾盈的同党羊舌虎，囚禁了叔向。人们对叔向说："您不依附宣子而遭罪罚，是不明智的吧？"叔向说："我虽被囚禁，但与死了的和逃亡的相比，又怎么样呢？《诗经》中有这样的话：'自在逍遥真清闲，就此度过一年年。'我看这就是明智啊！"

　　乐王鲋来见叔向，说："我要为您向晋平公求情，以赦免你的罪咎。"叔向不答话。乐王鲋退出时，叔向也不拜谢。叔向左右的人都埋怨他。叔向说："必须由祁大夫去请求赦免我才成。"叔向的家臣闻听此事，对他说："乐王鲋若向国君说句好话，就没有办不成的事，他要请求国君赦免您，您却不答应；祁大夫已告老退休，他的话恐怕不能说动国君，而您却说必须由他来办，为什么呢？"叔向说："乐王鲋只因顺从国君而得宠，他怎能去做营救我的事？祁大夫十分公正，对外举荐不嫌弃他的仇敌，对内举荐不遗漏他的亲子。那么，他能单单丢开我不管吗？《诗经》中有话说：'有正直的德行，天下人就都顺从他。'祁大夫就是正直的人啊！"

　　晋平公向乐王鲋询问叔向是否有罪。乐王鲋回答："叔向不会离弃他的亲兄弟，他们有同谋之嫌。"此时，祁奚已经告老退休了，可是一听到叔向被囚禁的事，他就立即乘驿车匆忙地赶去见范宣子，说："《诗经》中有这样的话：'赐给我们的恩惠没有疆界，子孙后代都将得到保佑。'《尚书》中又有话说：'圣人有谋略、功勋，应当明确地对他安抚保佑。'善谋略而少过失，关怀训导别人而毫不倦怠，这两方面的优点，叔向兼而有之。我们的国家就是依靠叔向而得到巩固的。这就像十世之后的子孙有罪过，也要追念其先祖之功业而加以赦免，目的是为了劝勉有才能的人为国效力。现在却因羊舌虎一事，使叔向自身不免于罪，而抛弃国家所依恃的栋梁，岂不使人困惑吗？大舜杀了治水无功的鲧，却又起用鲧的儿子禹；伊尹曾放逐汤王之孙太甲，后来又辅佐他，太甲始终没有怨恨之色；武王之弟管叔、蔡叔被杀害，后来周公仍辅助成王。为何现在却因羊舌虎的事而轻弃社稷大臣？您若推行善政，还有何人敢不努力？为什么要多杀人？"范宣子听了这一番话，心悦诚服，就和祁奚同乘一辆车，前去向晋平公劝说而赦免了叔

向。祁奚并没有与叔向见面就直接回去了。叔向也没有因为被赦免而向祁奚道谢,却立即去朝见晋平公。

作品赏析

　　叔向是晋国的贤臣,因为弟弟羊舌虎参与叛乱被牵连下狱。面对死亡,他坦然处之,甚至对晋平公宠臣乐王鲋主动表示愿为他说情也不屑一顾,反而寄希望于已经告老退休的祁奚。祁奚听到叔向被囚,果然如叔向所说,赶到京城为他说情,列举古代君王贤臣对罪人、亲人的态度进行劝说,强调以国家利益为重,打动了范宣子,于是范宣子赦免了叔向。文章对人物性格刻画得十分传神,通过言语、行为简洁地写出叔向的镇静大度与知人、祁奚的急公好义。结尾一段写祁奚不居功、叔向不道谢,尤为点睛之笔,神韵悠远。

卷二 周秦文

《国语》是我国第一部国别史著作。主要记述了公元前 990 年到公元前 453 年春秋时期的周王朝和各个诸侯国的历史。全书共 21 卷,分别是:《周语》3 卷、《鲁语》2 卷、《齐语》2 卷、《晋语》9 卷、《郑语》1 卷、《楚语》2 卷、《吴语》1 卷、《越语》2 卷。

《国语》在内容上主要表现忠君思想,弘扬德的精神,尊崇礼的规范。艺术特色主要表现在两个方面:一是长于记言;二是有虚构的故事情节。语言方面比较质朴。思想倾向一方面比较复杂,它主要记录史实,因此表现出来的思想就随着所记录的人和语言的不同而不同。例如:《鲁语》表现的是孔子的儒家思想,《齐语》表现的是管仲的霸术,《越语》记录的是范蠡的功成身退。另一方面,它记录事实比较客观,因为它没有"君子曰"或是"太史公曰"之类的评语,所以并不带有作者本人的主观感情色彩。

《国语》反映了春秋时期各诸侯国的政治、经济、军事、文化和外交等各方面内容,对于研究先秦时期的历史来说,是非常具有参考价值的一部书。

祭公谏征犬戎

《国语·周语上》

原文

穆王将征犬戎，祭公谋父谏曰："不可！先王耀德不观兵。夫兵，戢而时动，动则威；观则玩，玩则无震。是故周文公之《颂》曰：'载戢干戈，载櫜(gāo)弓矢。我求懿德，肆于时夏。允王保之。'先王之于民也，茂正其德而厚其性，阜其财求而利其器用；明利害之乡，以文修之，使务利而避害，怀德而畏威，故能保世以滋大。

"昔我先世后稷，以服事虞、夏。及夏之衰也，弃稷弗务。我先王不窋用失其官，而自窜于戎、翟之间。不敢怠业，时序其德，纂修其绪，修其训典；朝夕恪勤，守以惇笃，奉以忠信；奕世载德，不忝前人。至于武王，昭前之光明，而加之以慈和。事神保民，莫不欣喜。商王帝辛，大恶于民，庶民弗忍，欣戴武王，以致戎于商牧。是先王非务武也，勤恤民隐而除其害也。

"夫先王之制：邦内甸服，邦外侯服，侯、卫宾服，夷、蛮要服，戎、翟荒服。甸服者祭，侯服者祀，宾服者享，要服者贡，荒服者王。日祭、月祀、时享、岁贡、终王，先王之训也。有不祭则修意；有不祀则修言；有不享则修文；有不贡则修名；有不王则修德；序成而有不至，则修刑。于是乎有刑不祭，伐不祀，征不享，让不贡，告不王；于是乎有刑罚之辟，有攻伐之兵，有征讨之备，有威让之令，有文告之辞。布令陈辞，而又不至，则又增修于德而无勤民于远。是以近无不听，远无不服。

"今自大毕、伯仕之终也，犬戎氏以其职来王。天子曰：'予必以不享征之，且观之兵。'其无乃废先王之训，而王几顿乎？吾闻夫犬戎树惇(dūn)，能帅旧德，而守终纯固，其有以御我矣。"

王不听，遂征之，得四白狼，四白鹿以归。自是荒服者不至。

译文

　　周穆王将要西征犬戎，祭公谋父进谏说："不行！先王主张宣扬德政，而不是炫耀武力。军队平常要聚集起来，而在适合的时候动用它，一旦动用武力就能奋扬军威。如果随便炫耀武力，就是玩忽轻率，轻率地滥用武力就会使军队失去威慑作用。因此，周文公所作的《颂》歌这样说：'收起盾和戈，藏好弓和箭。我追求美德善行，将它施行于国中。我王确实能保有这种美德啊。'先王对于人民，努力端正和树立他们德行，并使其善性更为宽厚。增加财力，改良他们的器物用具。明确利害之所在，用礼教、文德来修明政治，教养人民，使他们都能趋利避害，感恩戴德而畏惧刑罚，所以先王的基业能够得以世代相承，发展壮大。

　　"从前我们的祖先世代相继为官，弃与不窋先后服侍虞舜与夏启。到夏朝衰微之际，不再致力务农，我们先王不窋因而失去他的官职，自己逃奔到戎、狄之地，他对农业不敢懈怠，时常传播祖先的德行，继承并发扬祖先的事业，修订教养人民的法规，朝夕恭谨勤勉，以敦厚之心遵守它，以忠诚之心奉行它，从而使美德世世相传，不至于辱没祖先。传到周武王，他发扬先人的美德，又加上他仁慈敦厚，敬奉神明，爱护人民，举国上下没有不高兴的。而商王帝辛却不然，人民对他非常憎恶。民众忍无可忍，就欣然拥戴周武王，这样，武王才兴兵于商郊之牧野讨伐帝辛。这并不是先王好用武力，他是真心体恤人民的疾苦，为他们解除祸患啊！

　　"先王的制度是如此规定的：天子邦畿之内的地方是甸服，邦畿之外的地方是侯服，侯畿至卫畿之间的地方是宾服，蛮、夷之地是要服，戎、狄之地是荒服。甸服者祭于祖考，侯服者祀于高曾，宾服者享于二祧，要服者向天子提供岁贡所需，荒服者只需在新天子即位时进见纳贡一次。甸服者每日一祭，侯服者每月一祀，宾服者每季一享，要服者每年一贡，荒服者每世一朝。这都是先王的遗训。如有不按时来献日祭的，天子就向他阐明王的意旨；如有不按时来献月祭的，天子就向他阐明王的言辞；如有不按时来献季祭的，天子就向他阐明王的命令；如有不按时来献岁祭的,天子就向他阐明王的令名仁声;如有不按时来上朝的,天子就要检查自己的德行。像上面依次都阐明了,还有不来的,那就使用法律。于是就将不祭者绳之以法,对不祀者加以攻伐,对不享者加以征讨,对不贡者诘责其过,对不朝者谕之以理。于是就有刑罚的法律,有攻伐的军队,有征讨的军事装备,有督责罪过的命令,有晓谕道理的文辞。宣布了命令,陈明了文辞,而仍不到来的,那就要进一步修明自己的文德,而不要劳民远征。如果这样做了,近处的就无人不听从,远处的就无人不心悦诚服。

　　"现在,从大毕、伯仕去世之后,犬戎之国一直尽职而来朝见天子,天子却说:'我定要以不服之罪去征讨它,且向它炫耀我的武力。'那岂不是废弃先王的德行,而将荒服终世一朝的规矩破坏了吗?我听说犬戎这一代君主树惇,能遵循其先人之德,而且始终专一地坚守其国,它具有抵御我们的力量了!"

　　周穆王不听劝谏,就发兵远征犬戎,结果只得到四只白狼和四只白鹿回来。从此以后,在荒服地区的国家就再也不来朝见天子了。

作品赏析

　　《祭公谏征犬戎》是《国语》的压卷之篇。针对穆王黩武远征的举动,祭公进行谏阻,从两方面展开议论。一是从原则上,即"先王耀德不观兵",应当主要以德化征服外邦,武力只能作为后盾;二是从王制上,即应当遵从畿服制的成法与规则,使天子与荒服地区的关系有规可循。穆王不听劝告,一意孤行,结果劳师动众。文末的一段话讽刺了穆王的轻举妄动,也反映了祭公见解的高明。

　　然而从历史学家的考证来看,穆王西征犬戎是打开与西北各部落草原通道的必要之举,也有一定收效。

单子知陈必亡

《国语·周语中》

原文

定王使单襄公聘于宋，遂假道于陈以聘于楚。火朝觌矣，道茀不可行也，候不在疆，司空不视涂，泽不陂，川不梁，野有庾积，场功未毕，道无列树，垦田若蓺(yì)，膳宰不致饩(xì)，司里不授馆，国无寄寓，县无旅舍，民将筑台于夏氏。及陈，陈灵公与孔宁、仪行父，南冠以如夏氏，留宾弗见。

单子归，告王曰："陈侯不有大咎，国必亡。"王曰："何故？"对曰："夫辰角见而雨毕，天根见而水涸，本见而草木节解，驷见而陨霜，火见而清风戒寒。故先王之教曰：'雨毕而除道，水涸而成梁，草木节解而备藏，陨霜而冬裘具，清风至而修城郭宫室。'故《夏令》曰：'九月除道，十月成梁。'其时儆曰：'收而场功，偫而畚挶，营室之中，土功其始。火之初见，期于司里。'此先王之所以不用财贿，而广施德于天下者也。今陈国，火朝觌矣，而道路若塞，野场若弃，泽不陂障，川无舟梁，是废先王之教也。

"周制有之曰：'列树以表道，立鄙食以守路，国有郊牧，疆有寓望，薮(sǒu)有圃草，囿有林池，所以御灾也。其余无非谷土，民无悬耜，野无奥草，不夺农时，不蔑民功。有优无匮，有逸无罢。国有班事，县有序民。'今陈国道路不可知，田在草间，功成而不收，民罢于逸乐，是弃先王之法制也。

"周之《秩官》有之曰：'敌国宾至，关尹以告，行理以节逆之，候人为导，卿出郊劳，门尹除门，宗祝执祀，司里授馆，司徒具徒，司空视涂，司寇诘奸，虞人入材，甸人积薪，火师监燎，水师监濯，膳宰致飧，廪人献饩，司马陈刍，工人展车，百官各以物至。宾入如归。是故小大莫不怀爱。其贵国之宾至，则以班加一等，益虔。至于王使，则皆官正莅事，上卿监之。若王巡守，则君亲监之。'今虽朝也不才，有分族于周，承王命以为过宾于陈,而司事莫至,是蔑先王之官也。

"先王之令有之曰:'天道赏善而罚淫。故凡我造国,无从匪彝,无即慆(tāo)淫,各守尔典,以承天休。'今陈侯不念胤续之常,弃其伉俪妃嫔,而帅其卿佐以淫于夏氏,不亦渎姓矣乎?陈,我大姬之后也。弃衮冕而南冠以出,不亦简彝乎?是又犯先王之令也。昔先王之教,茂帅其德也,犹恐陨越;若废其教而弃其制,蔑其官而犯其令,将何以守国?居大国之间而无此四者,其能久乎?"

六年,单子如楚。八年,陈侯杀于夏氏。九年,楚子入陈。

译文

周定王派遣单襄公到宋国行聘问之礼,于是向陈国借道以便出使楚国。当时已是早晨能看到心宿星的季节了,而道路却被乱草杂物阻塞,不能通行,负责迎送宾客的人不在边境上,司空不巡视道路,湖泽不设堤坝,河上不架桥梁,田野里有露天粮堆,收禾场地上的农活还没有结束,道路旁没有成行的树木,垦殖的田亩中禾苗小得像细草芽,膳宰不送上赠宾客的肉,里宰不给安排住处,国都中无寄居的寓所,县城中无休息的馆舍,陈国的百姓都在给大夫夏徵舒家建筑楼台。单襄公到达陈国国都之后,陈灵公与孔宁、仪行父等戴着楚国式样的帽子前往夏姬那里玩乐,却让宾客久久等候而不予会见。

单襄公回来之后,向周定王报告说:"陈侯即使没有什么大罪过,陈国也必然会灭亡。"周定王问:"是什么原因呢?"回答说:"角宿在早上出现于东方,表示雨季结束了;天根在早上出现,水泽就要干涸了;氐宿早上出现,草木就要凋零;房宿早上出现,就要降霜了;心宿早上出现,凉风吹来,提醒人们应准备御寒了。所以先王教训说:'雨水渐尽就应整修道路,水泽干涸就应修建桥梁,草木零落就要准备收藏,霜降时节就要准备寒衣皮袍,凉风一到就要修筑城郭宫室。'因此《夏令》上说:'九月整修道路,十月架起桥梁。'那时还告诫说:'结束你们场院的农活以后,准备好盛土、抬土的器具。室宿在正中时,要测定方位,开始土木修

建工程。心宿早晨出现时,要携带工具到司里那里聚齐。'这是先王不费财物,而广施恩德于天下的原因啊。现在的陈国,早上心宿出现了,而道路阻塞不通,野场荒弃不管,湖泽不筑堤防,江河不备舟船和桥梁,这就是废弃先王的遗训啊。

"周制有这样的内容:'植树成列以标明道路距离远近,在边境庐舍备有饮食以等待路人享用,都城的郊野有放牧之地,疆界上有接待使者的客舍和望楼,水洼地有繁茂的水草,园囿中有林木水池,这都是用来防止灾害发生的啊。其余都是种植五谷的土地,百姓没有挂起耒耜不务农事的,田野没有丛生的杂草,不耽误农时,也不浪费劳力。生活用度富裕而无匮乏,百姓享有安乐而无疲劳困苦。都城的土地井井有条,县邑的差役轮换有序。'现在陈国的道路远近不可知,农田埋没在草丛之中,庄稼成熟了却不收割,人民为君王享乐疲于奔命。这就是废弃先王的法制啊。

"周代《秩官》有这样的话:'地位相同国家的宾客到来,把守关口的官员就报告国君,负责迎宾的官员就持瑞玉符节去迎接宾客,候人为向导,公卿来到郊外赠币帛慰劳,门官打扫门庭,宗、祝主持祭祀典礼,里宰准备馆舍,司徒调派仆役,司空巡视道路,司寇审问与惩治奸盗邪恶,虞人献上木材,甸人聚敛柴薪,火师监管庭中火烛,水师监管洗涤之事,膳宰送上熟食,廪人进献肉,司马置备草料,工匠检查修理车辆,百官各自都将供应之物送到,各尽其职。宾客来到如同回到了家。因此,宾客无论尊卑无不感激欢喜。如果贵国宾客到来,就派位高一等的司事之官来接待,表示更加尊敬。至于天子的使者到来,就派各部门的主管官员来接待,并由上卿监督他们执行。如果是天子巡狩至此,那就由国君亲自监督百官来奉行礼仪。'现在,我虽然无才,但也是周室的族亲,奉天子之命作为路过陈国的宾客,主管官员却没有来接待,这是蔑视先王的官制啊。

"先王的训令中有这样的话:'天道赏赐美善的而惩罚邪恶的,所以我们立国执政,不能纵容不法的行为和事情,不能沾染那散漫邪淫的恶习,各自恪守常规,而承受上天降赐之福。'现在,陈侯不念宗嗣的常规,抛弃配偶妃嫔,率领他的卿佐之臣到夏姬那里淫乱私通,岂不是亵渎其姓氏吗?陈国,是我们大姬的后裔啊。弃置龙袍冠冕而戴着楚国蛮夷的帽子外出游荡,岂不是太无视日常礼法吗?这又是违犯了先王的政令啊。往昔先王的教训,要求勉力遵循其美德懿行,尚且唯恐出现差错。如果废弃其教化，抛弃其制度，蔑视而不遵守其官制，违犯其政令，又将怎样保住国家政权呢？处在各大国之间，而缺乏这四方面，陈国还能支持长久吗？"

周定王六年，单襄公前往楚国。八年，陈灵公被夏徵舒所杀。九年，楚庄王攻入陈国。

作品赏析

周定王六年（前601），单襄公出使途经陈国。其时陈灵公君臣淫乱，政事不修，两三年后果然遭到了内乱外侮的报复。"单子知陈必亡"，见微知著，这正是古人在人事治乱上所崇尚的一种观察和推绎方法。

本文先客观地铺陈单襄公在陈国现场经见的十五条事实，然后将它们归纳于"废先王之教"、"弃先王之法制"、"蔑先王之官"、"犯先王之令"四大范畴，从现象深入到本质，并上升到"守国"的政治高度。条理分明，逻辑严密，具有强烈的说服力。最后以大事记式的历史发展事实证实预言，更使人惕然回味。

叔向贺贫

《国语·晋语八》

原文

叔向见韩宣子，宣子忧贫，叔向贺之。宣子曰："吾有卿之名，而无其实，无以从二三子，吾是以忧。子贺我，何故？"

对曰："昔栾武子无一卒之田，其官不备其宗器，宣其德行，顺其宪则，使越于诸侯。诸侯亲之，戎、狄怀之，以正晋国。行刑不疚，以免于难。及桓子，骄泰奢侈，贪欲无艺，略则行志，假货居贿，宜及于难，而赖武之德以没其身。及怀子，改桓之行而修武之德，可以免于难，而离桓之罪，以亡于楚。夫郤(xì)昭子，其富半公室，其家半三军，恃其富宠，以泰于国。其身尸于朝，其宗灭于绛。不然，夫八郤五大夫三卿，其宠大矣；一朝而灭，莫之哀也，惟无德也。今吾子有栾武子之贫，吾以为能其德矣，是以贺。若不忧德之不建，而患货之不足，将吊不暇，何贺之有？"

宣子拜，稽首焉，曰："起也将亡，赖子存之。非起也敢专承之，其自桓叔以下，嘉吾子之赐。"

译文

叔向去见韩宣子，宣子正为自己贫困而苦恼，叔向反而祝贺他。宣子说："我有正卿的虚名，而无相称的财产，无法与众卿大夫交际往来，因此我很苦恼。您祝贺我是什么缘故呢？"

叔向回答说："从前栾武子没有百顷的田地，他做着管祭祀的官，却没有力量备齐他祭礼用的礼器，但他却能发扬德行，遵循法度，使其美誉远扬于诸侯，诸侯与他亲善，戎、狄也都归顺他，因而晋国大治。栾武子执行法令很公正，没有什么愧疚，因而能免于灾难。到了桓子，他骄恣奢侈，贪得无厌，违法乱纪，任意妄为，既借贷货币又囤积物资，他是应当遭到灾难的，然而只是依靠武子美德的余荫，自身才得以善终。到了怀子时，改变了桓子的做法，而修行武子的美德，本来可以免于灾难，然而他却因桓子的罪恶而遭难，因此流亡到楚国。至于郤昭子，他的财富抵得上晋王室的一半，他家的臣仆抵得上三军的一半，仗恃其财富与荣宠，在国中不可一世。结果，他自己陈尸于朝廷，他的宗族又在绛地被诛杀。如果不是这样，那八位姓郤的贵族，五位是大夫，三位任公卿，他们深得君宠；一朝被诛杀，却没有人同情他们，只是由于郤昭子无德啊。现在，您像栾武子那样清贫，我以为您也能奉行他的美德，因此要向您祝贺。如果您不忧虑自己德行不厚，而担心财货不足，那么，我想哀悼您还唯恐不及，怎能祝贺您呢？"

韩宣子听了这番话，就倒身下拜，在地上叩头，并说："我韩起几乎灭亡了，幸亏依靠您的提醒而得以保全。不仅我韩起自身将承受这恩惠，恐怕从我们祖

宗桓叔以下的世世代代,都要感激您的恩惠。"

作品赏析

公元前541年,韩起被任命为晋国的正卿。针对他叹贫的忧虑,太傅叔向却认为富奢容易败坏德行而招致灾祸,所以反向他道贺,并正告他应当"忧德"而不应"忧贫"。"贫"而可贺,表面上似乎有悖常理,但文章通过援昔证今,巧妙地进行了借题发挥。这种先出奇题、再辟蹊径的手法,前人称为"转笔"或"救题",在古文中经常运用。《左传》对于韩起有"韩子懦弱"(《襄公三十一年》)的评语,批评他患得患失的性格,可知叔向的"贺贫",实是借机劝导他重视德行的建立,以担负起治国的重任。

诸稽郢行成于吴

《国语·吴语》

原文

吴王夫差起师伐越,越王勾践起师逆之江。大夫种乃献谋曰:"夫吴之与越,唯天所授,王其无庸战。夫申胥、华登,简服吴国之士于甲兵,而未尝有所挫也。夫一人善射,百夫决拾,胜未可成也。夫谋,必素见成事焉而后履之,不可以授命。王不如设戎,约辞行成,以喜其民,以广侈吴王之心。吾以卜之于天,天若弃吴,必许吾成而不吾足也,将必宽然有伯诸侯之心焉。既罢弊其民,而天夺之食,安受其烬,乃无有命矣。"

越王许诺,乃命诸稽郢行成于吴,曰:"寡君勾践使下臣郢,不敢显然布币行礼,敢私告于下执事曰:昔者越国见祸,得罪于天王,天王亲趋玉趾,以心孤勾践,而又宥赦之。君王之于越也,繄起死人而肉白骨也。孤不敢忘天灾,其敢忘君王之大赐乎?今勾践申祸无良,草鄙之人,敢忘天王之大德而思边垂之小怨，以重得罪于下执事？勾践用帅二三之老，亲委重罪，顿颡于边。今君王不察，盛怒属兵，将残伐越国。越国固贡献之邑也，君王不以鞭箠使之，而辱军士使寇令焉。勾践请盟。一介嫡女，执箕帚以眩姓于王宫；一介嫡男，奉槃匜以随诸御。春秋贡献，不解于王府。天王岂辱裁之？亦征诸侯之礼也。夫谚曰：'狐埋之而狐搰之，是以无成功。'今天王既封殖越国，以明闻于天下，而又刈亡之，是天王之无成劳也。虽四方之诸侯，则何实以事吴？敢使下臣尽辞，唯天王秉利度义焉！"

译文

　　吴王夫差发兵攻打越国，越王勾践率兵迎战，在江边相峙。越大夫文种于是向勾践献策说："吴国和越国，只凭天之授命，君王不必跟吴国作战。那伍子胥、华登训练吴国的军队各处征战，未曾受过挫败。一人善于射箭，就有百人引弦拉弓而群起效尤，因此，我们未必能抵抗吴国。谋划大计，一定要预见到能成功的可能，而后去实行它，不可轻率出兵硬去拼命。君王不如部署军队自卫防守，谦卑地求和，以取悦于吴国的人民，而助长吴王的骄横之心。我们就将这事卜问于上天，天若厌弃吴国，必然允许我们与吴求和，而以为我国不足为虑。吴王必将更加骄纵而萌生称霸于诸侯的野心。当使其人民疲惫不堪，而上天又夺尽其福禄时。我们就可以安然承受天帝的余惠，而吴国却没有上天的眷顾了。"

　　越王很同意文种的建议，于是派诸稽郢向吴国求和。诸稽郢前去说："寡君勾践派我这下臣来此，不敢隆重地陈列玉帛举行礼仪，谨冒昧地告诉你们供役使的小吏说：从前越国遭祸，得罪于天王阖庐；天王大驾亲临，大败越军而不占取越地，心弃勾践而又开恩宽恕他。君王到于越国，是有使死者复活、白骨生肉的大德啊。我孤君不敢忘记天罚之灾，又怎敢忘记君王的大恩大德呢！现在勾践再次遭灾而命运不佳，草野鄙陋之人，怎敢忘记天王的厚德，计较边界冲突的小怨，而再次得罪您呢？勾践因此将率领几个年老家臣，亲身前来谢罪，叩头请服于边境。如今君王不明察此情，大为震怒而调集兵马，想要讨伐越国。越国本是向吴国进贡的地方啊，君王不动用鞭箠而驱使它，却有辱大军来执行御寇平乱的号令。如今勾践请求订立友好盟约：愿献一个嫡女，让她手持箕帚，在王宫之内充当庶姓侍御的女官；再献一个嫡男，让他手捧水盆盛具，随在众位近臣之后，服侍君王；春季、秋季按时贡献物品，对君王府库的供给决不懈怠。这样，天王难道还要屈驾来制裁他？这也是天王征讨诸侯所实行的惯常之礼啊。俗话说：'狐狸把东西埋了又刨，刨了又埋，所以不会有成果。'现在天王已经宽恕越国，而以圣明之德传扬于天下，可是又要消灭它，这是天王徒劳无成的表现啊。即使是四方的诸侯，看到这样的结果又怎样相信吴国而加以服从呢？因此，冒昧地指派我这下臣，把心意尽情奉告，希望天王掌握情况，权衡利弊，考虑一下吧。"

作品赏析

公元前494年，吴王夫差伐越报父亡之仇。夫椒一战，越军大败，仅余五千甲士，越王勾践不得不派大夫文种求和。其后吴王再次进兵攻打，勾践听从文种计策，又遣大夫诸稽郢屈言请和，以图保存实力，东山再起。诸稽郢不辱使命，利用夫差目光短浅与好虚荣的弱点，以"卑言"与"甘辞"相结合，最终说动了吴王。

小百科 / XiaoBaiKe

战国时期，出现了有名的四个公子，他们都是王公贵族，分别是魏国的信陵君、齐国的孟尝君、赵国的平原君、楚国的春申君，被称之为"战国四公子"。信陵君，名魏无忌（？～前243），是战国时期魏国的魏昭王少子，魏安釐王的异母弟。孟尝君，名田文（？～前279），是战国时期齐国宗室大臣。平原君，名赵胜（？～前253），是战国时期赵国宗室大臣，赵武灵王之子，赵惠文王之弟。春申君，名黄歇（前320～前238），是为战国时期楚国公室大臣，曾任楚相。四公子都以善养士而著称。

申胥谏许越成

《国语·吴语》

原文

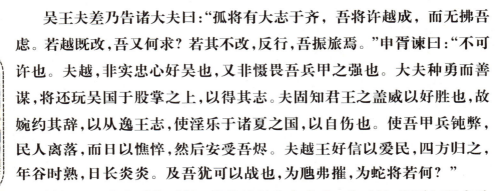

　　吴王夫差乃告诸大夫曰："孤将有大志于齐，吾将许越成，而无拂吾虑。若越既改，吾又何求？若其不改，反行，吾振旅焉。"申胥谏曰："不可许也。夫越，非实忠心好吴也，又非慑畏吾兵甲之强也。大夫种勇而善谋，将还玩吴国于股掌之上，以得其志。夫固知君王之盖威以好胜也，故婉约其辞，以从逸王志，使淫乐于诸夏之国，以自伤也。使吾甲兵钝弊，民人离落，而日以憔悴，然后安受吾烬。夫越王好信以爱民，四方归之，年谷时熟，日长炎炎。及吾犹可以战也，为虺弗摧，为蛇将若何？"

　　吴王曰："大夫奚隆于越？越曾足以为大虞乎？若无越，则吾何以春秋曜吾军士？"乃许之成。将盟，越王又使诸稽郢辞曰："以盟为有益乎？前盟口血未干，足以结信矣。以盟为无益乎？君王舍甲兵之威以临使之，而胡重于鬼神而自轻也。"吴王乃许之，荒成不盟。

译文

　　吴王夫差于是召告众大夫说："我有大计划，要对齐国发动进攻；同时，我打算答应越国跟我们议和的请求，你们不要违背我的想法。如果越国已经改变敌对态度，我们还有什么要求呢？假如他们不改，等到伐齐回来时，我们再发兵攻打他们。"伍子胥进谏说："我不能同意越国议和的请求。越国并非真心实意地与吴国交好，也不是畏惧我们武力强大。越国大夫文种勇武超人而又足智多谋，他将会把我们吴国放在股掌之上旋转玩弄，以实现他的阴谋。他们平素就知道君王尚武而好胜啊，所以就用婉约委屈的辞令来奉承您，纵逸君王的骄矜之心，使您在诸夏之国淫乐无度，而戕害自己啊。又使我们军队疲弱劳损，人民离散流落而日益困苦，然后越国就安然享受我们未灭之余烬。至于越王，他却讲忠信、爱人民，四方都归顺他，五谷米粮适时成熟，他们国运兴隆，蒸蒸日上。趁着我们目前的时机，利用我们的条件，还可以与越国决战。不消灭小蛇，到它长成大蛇时将怎么办呢？”

吴王说："大夫为什么这样尊崇越国，怎值得将越国当做大的顾虑呢？假若没有越国，那么我们怎能在春季秋季随时向他们炫耀武力呢？"吴王于是答应和越国议和。将要订立盟约时，越王又派诸稽郢推辞说："你们把订盟看做有用之事吗？那么，前次订盟的时间不久，口血还没干，双方足以取信了。你们把订盟看做无用之事吗？那么，君王可以放弃用武力的威力，也能够亲临越国而来役使它，何必对鬼神敬重而对自己的力量轻视呢？"吴王就应允了他，终于只做了议和的空言，而无订盟之实。

作品赏析

本篇在《国语·吴语》中与前篇紧接，即吴国君臣对"诸稽郢行成于吴"的不同反应。伍子胥清醒地看破了越国卑词求和是别有企图，劝谏吴王夫差抓住一举消除敌国祸患的大好时机，不要落入圈套。但刚愎自用的夫差却不纳忠言，养痈遗患，结果十六年后终被复盛的越国灭亡。

《公羊传》是儒家经典之一，也称《春秋公羊传》、《公兰春秋》。它的起讫年代为公元前722年到公元前481年，主要是对《春秋》进行解释，阐释历史十分简略。

《公羊传》的作者相传是战国时期齐国人公羊高。

《公羊传》的历史思想主要有三个方面：一是具有政治性，即它认为《春秋》这部书表达了"大一统"和"拨乱反正"等"大义"，这是儒家思想最重要的原则；二是具有变易性，它认为春秋242年不是凝固不变、铁板一块的，而是可以按照一定的标准来划分为不同的发展阶段，有著名的"公羊三世说"；三

是具有可比附性。

《公羊传》在历史上的影响较为深远。汉代,公羊学盛极一时;近代,公羊学再次复兴,成为戊戌变法的思想武器。公羊学派中有影响的人物有:东汉时期的何休,唐代的徐彦,清代的孔广森、龚自珍、魏源,近代的康有为和梁启超等。

宋人及楚人平

《公羊传·宣公十五年》

原文

外平不书,此何以书?大其平乎己也。何大其平乎己?庄王围宋,军有七日之粮尔,尽此不胜,将去而归尔。于是使司马子反乘堙(yīn)而窥宋城,宋华元亦乘堙而出见之。

司马子反曰:"子之国何如?"华元曰:"惫矣。"曰:"何如?"曰:"易子而食之,析骸(hái)而炊之。"司马子反曰:"嘻!甚矣惫!虽然,吾闻之也,围者柑马而秣之,使肥者应客。是何子之情也?"华元曰:"吾闻之,君子见人之厄则矜之,小人见人之厄则幸之。吾见子之君子也,是以告情于子也。"司马子反曰:"诺,勉之矣!吾军亦有七日之粮尔,尽此不胜,将去而归尔。"揖而去之。

反于庄王,庄王曰:"何如?"司马子反曰:"惫矣!"曰:"何如?"曰:"易子而食之,析骸而炊之。"庄王曰:"嘻!甚矣惫!虽然,吾今取此,然后而归尔!"司马子反曰:"不可。臣已告之矣,军有七日之粮尔。"庄王怒曰:"吾使子往视之,子曷为告之?"司马子反曰:"以区区之宋,犹有不欺人之臣,可以楚而无乎?是以告之也。"庄王曰:"诺,舍而止。虽然,吾犹取此,然后归尔。"司马子反曰:"然则君请处于此,臣请归尔。"庄王曰:"子去我

而归，吾孰与处于此？吾亦从子而归尔。"引师而去之。故君子大其平乎已也。此皆大夫也，其称人何？贬。曷为贬？平者在下也。

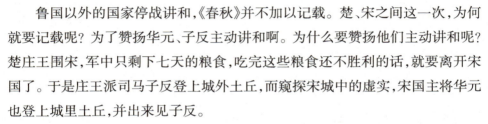

译文

鲁国以外的国家停战讲和，《春秋》并不加以记载。楚、宋之间这一次，为何就要记载呢？为了赞扬华元、子反主动讲和啊。为什么要赞扬他们主动讲和呢？楚庄王围宋，军中只剩下七天的粮食，吃完这些粮食还不胜利的话，就要离开宋国了。于是庄王派司马子反登上城外土丘，而窥探宋城中的虚实，宋国主将华元也登上城里土丘，并出来见子反。

司马子反说："您的国中情形如何？"华元说："已经很疲弱了！"子反又问："究竟怎么样呢？"华元说："人们交换儿子煮着吃，劈开骨骸用来当柴烧。"司马子反说："唉！真是疲弱到极点了！虽然如此，我曾听说，被围困者要给马口衔上木棍再喂它，马不得食，借以表示粮草有余；又使肥壮的马来招待宾客，表示粮食充足。可是，您为何这样把实情告诉我呢？"华元说："我听说，君子见到别人遭遇苦难，就对他怜悯同情；小人见到别人遭遇苦难，就幸灾乐祸。我看出您是君子，因此将实情告诉您啊。"司马子反说："对！您加把劲坚守吧。我军也只有七天的粮食了，用完这点粮食还不胜利的话，我们就要退回楚国了。"说完了，子反与华元拱手告别。

回到庄王那里将这些经过报告一番。庄王说："情形如何？"司马子反说："他们已很疲弱了！"庄王又说："究竟怎么样？"子反说："宋人交换儿子煮着吃，劈开骨骸用来烧饭。"庄王说："唉！真是疲弱极了！虽然如此，可是我现在还是要攻取了宋国，然后才回去。"司马子反说："不能这样做。我已告诉他，我军只有七天的粮食了。"庄王听了大怒，说："我派您前去观察虚实，您为何将我军的情形告诉他？"司马子反说："以小小的宋国，还有不欺骗人的臣子，请想一想，我们强大的楚国难道就没有吗？因此我也要将我军的情形告诉他。"庄王说："好吧！那就修筑军营，驻扎在这里。虽然我军军情暴露，但是我还要攻取宋国，才能回去。"司马子反说："那么您就住在这里吧，我请求回去了。"庄王说："您离开我回去

了,谁和我留在这里呢? 我也跟您一起回去吧。"于是就领兵退去了。所以,君子赞扬华元、子反的主动讲和啊。这两个人都是大夫,为何《春秋》只称他们为"人"呢? 是有贬斥之意。为何贬斥? 因为搞这次讲和的不是君主,而是居于臣位的人啊(超越了职权范围)。

作品赏析

春秋时期,各诸侯国之间战争频繁,给民众带来了巨大灾难。鲁宣公十四年九月,楚庄王率兵攻打宋国,包围宋都达九个月之久。由于宋国大夫华元和楚国司马子反二人的努力,最终两国议和,避免了彼此更大的损失。本篇人物对话最可玩味。如华元意欲讲和而并不直说,先用"易子而食之,析骸而炊之"这样的悲惨景象来唤起对方的同情心,再辅之以"君子见人之厄则矜之"等四句机智的话语,不卑不亢,含蓄地吐露了自己求和的愿望,动之以情,激之以理,让人难以拒绝。

文中重复出现的"惫矣"、"嘻! 甚矣惫"、"军有七日之粮尔"等词句,强调了战争的艰难和残酷,因为出自不同人物之口,故非但不觉其雷同,反而更显作者的巧思。对经文"宋人及楚人平"的具体成因,《公羊》与《左传》说法不同。不难看出,作者反对无谓的战争,褒扬了缔结和平的华元和子反二人。

小百科 XiaoBaiKe

潘安和宋玉都是历史上有名的美男子。潘安是西晋人,他对爱情非常忠贞,与妻子伉俪情深。后妻子早逝,潘安终身未再娶。宋玉是战国时人,屈原的学生,早于潘安几百年。宋玉虽相貌颇佳,但才气之名盖过相貌,潘安虽也才华横溢,但其美貌扬名更甚。民间传说中,似乎潘安比宋玉更帅一些。然而这只是推测,两人相差几百年,况对柜貌因时代不同评价标准不一,谁更帅更无从比较。

《穀梁传》是儒家经典之一，也称《春秋穀梁传》、《穀梁春秋》。起于公元前722年（鲁隐公元年），止于公元前481年（鲁哀公十四年），是解说《春秋》的一部典籍，同《左传》和《公羊传》一起，被称为"春秋三传"。

一般认为《穀梁传》的作者是战国时期的穀梁赤（孔子的弟子子夏的学生）。

《穀梁传》体裁方面以语录体和对话文体为主；文风方面准确凝练；思想方面提出"著以传著，疑以传疑"的主张，即历史家记载史实时要遵从忠实于历史的原则；内容方面强调礼乐教化、宗法情谊和尊王思想，宣扬儒家思想，大受统治阶级的欢迎，对于研究秦汉时期和西汉初年的儒家思想是非常重要的资料。

郑伯克段于鄢

《穀梁传·隐公元年》

原文

克者何？能也。何能也？能杀也。何以不言杀？见段之有徒众也。段，郑伯弟也。何以知其为弟也？杀世子、母弟，目君。以其目君，知其为弟也。段，弟也，而弗谓弟；公子也，而弗谓公子，贬之也。段失子弟之道矣。贱段而甚郑伯也。何甚乎郑伯？甚郑伯之处心积虑，成于杀也。于鄢，远也。犹曰取之其母之怀中而杀之云尔，甚之也。然则为郑伯者，宜奈何？缓追逸贼，亲亲之道也。

译文

"克"是什么意思呢？就是能够。什么是能够？就是能够杀人。为何不说杀呢？是由于看到段有军队啊。段，是郑庄公的弟弟。怎么知道他是弟弟的呢？是

由于郑庄公杀害世子或同母弟弟,《春秋》就称他为国君。既把郑庄公称为"伯",就知道段是弟弟了。段是弟弟,而不称弟弟;又是公子,而不称公子,却直呼其名,有鄙薄之意啊。段有失为弟之道。所以《春秋》轻视段而不称弟与公子。同时,更鄙薄郑伯太过分。郑伯哪些方面太过分呢?太过分的是郑庄公费尽心机,蓄意谋划,助长段的骄纵之心,以制造口实,而达到杀段的目的。"于鄢",是很遥远的地方,还说好似把段从母亲怀中夺过来加以杀害一般,太过分了。那么作为郑伯,应当怎么办呢?他应当慢慢地追逐,放走作乱的弟弟,这才是爱护亲人的办法。

作品赏析

　　本文是对《春秋·隐公元年》中"郑伯克段于鄢"六字的阐释。郑伯,即庄公,与段(共叔段)为亲兄弟。父亲郑武公在位时,母亲姜氏偏爱共叔段,欲立其为太子,没有成功。后来,庄公继位。在姜氏的怂恿下,共叔段不断扩张自己的势力。郑伯一再姑息,等到共叔段准备叛乱时,一举将他击败。这段史事在《左传》有详细记载。

　　不同于《左传》的是,《穀梁传》中此文不引史事,专作议论,揭示出《春秋》的微言大义在于:谴责段的不义,更谴责郑伯的不仁,即他处心积虑,姑息养奸,最后歼灭弟弟的行为。这种解释尽管与史实不相符,且难自圆其说,但却反映了儒家"亲亲"、"仁恕"的正统理念。全文层层剖析,笔锋犀利,言简意赅,一气呵成。

　　《礼记》是我国古代一部重要的典章制度书籍,是我国第一部封建礼制教科书。它由多人撰写,采自多种古籍遗说,经西汉礼学家戴德和他的侄子戴圣编定而成,共九万字左右。戴德选编的称为《大戴礼记》(共85篇,到唐代只流传下来39篇),戴圣选编的称为《小戴礼记》(共49篇,即我们今天见到的《礼记》)。东汉著名学者郑玄为《小戴礼记》作注,对其进行了分类,分别是通论、制度、祭祀、丧服、吉事等八类。

　　《礼记》与《仪礼》、《周礼》合称为"三礼"。

《礼记》内容方面主要是记载和论述先秦时期的礼仪制度,阐释礼仪,事实上,它所涉及的内容包罗万象,如政治、道德、法律、历史、文化、哲学、历法、地理等,集中体现了先秦时期儒家的政治、哲学和伦理思想,阐述了儒家对人生的见解和态度,是研究战国秦汉时期儒家思想的重要资料。思想成就方面以礼乐为核心,包含了政治、教育、哲学、伦理、宗教、文化等各方面,对研究中国古代传统思想具有非常重要的意义。

有子之言似夫子

《礼记·檀弓上》

原文

有子问于曾子曰:"问丧于夫子乎?"曰:"闻之矣。'丧欲速贫,死欲速朽'。"有子曰:"是非君子之言也!"曾子曰:"参也闻诸夫子也。"有子又曰:"是非君子之言也。"曾子曰:"参也与子游闻之。"有子曰:"然。然则夫子有为言之也。"

曾子以斯言告于子游。子游曰:"甚哉,有子之言似夫子也!昔者,夫子居于宋,见桓司马自为石椁,三年而不成。夫子曰:'若是其靡也,死不如速朽之愈也。'死之欲速朽,为桓司马言之也。南宫敬叔反,必载宝而朝。夫子曰:'若是其货也,丧不如速贫之愈也。'丧之欲速贫,为敬叔言之也。"

曾子以子游之言告于有子。有子曰:"然。吾固曰非夫子之言也。"曾子曰:"子何以知之?"有子曰:"夫子制于中都,四寸之棺,五寸之椁,以斯知不欲速朽也。昔者夫子失鲁司寇,将之荆,盖先之以子夏,又申之以冉有,以斯知不欲速贫也。"

译文

　　有子向曾子问道:"您从老师那里听到关于失去官职方面的看法吗?"曾子说:"听说了。老师说:'失了官位要尽快贫穷,死了要尽快地腐烂。'"有子说:"这不是君子的话。"曾子说:"我是从老师那里听到的。"有子又说:"这不是君子的话。"曾子说:"是我和子游一同听到的。"有子说:"既然真的这样,那么就是老师有所指而说的。"

　　曾子将这些话告诉子游。子游说:"太像了!有子的话太像老师了!从前,夫子居住在宋国,见到桓司马给自己做石椁,三年还没做成。老师说:'像他这样靡费,死后还不如早些腐烂的好。'死后要尽快腐烂的话,是为桓司马说的啊。南宫敬叔(他失去官位后已离开了鲁国)每次回国,必定带着许多珍宝到朝中去行贿,以求官位。老师说:'像他这样行贿,失官后还不如早些贫穷的好。'这失官后要尽快贫穷的话,是为敬叔说的啊。"

　　曾子又将子游的话告诉有子。有子说:"真的这样。我本来就说这不是老师的话。"曾子说:"您怎么知道的呢?"有子说:"老师曾在中都地方订立制度,棺厚四寸,椁厚五寸。因此知道老师并不主张人死后要赶快烂掉。从前,老师失去鲁国司寇的官位,将要到楚国去,就先派子夏去打探,又派冉有去说明,以便到那里谋求官位。因此知道老师并不主张失官位后要尽快地过贫穷日子。"

作品赏析

　　孔子是封建时代的圣人,他的话往往被弟子们奉为圭臬。但是,由于思想方法不同,对同样的话,弟子们却会有不同的理解。有子根据老师为人处世的一贯态度,子游根据老师当时所处的特定情况、所论的特定对象,都能作出正确的判断。而曾子则是孤立看待老师的话,以偏概全,以个别为一般,犯了形而上学的错误。这个两千多年前的小插曲,也有助于我们加深"对具体情况作具体分析,是马克思主义最本质的东西,马克思主义的活的灵魂"(毛泽东《矛盾论》)的认识。

《战国策》简称《国策》。全书分东周、西周、齐、秦、楚、赵、魏、韩、燕、宋、卫、中山共12国策,33篇。主要是叙述战国时期谋士们周游各国,在互相辩论形势时提出的政治主张和战斗策略,故名《战国策》。

司马错论伐蜀

《战国策·秦策》

原文

司马错与张仪争论于秦惠王前。司马错欲伐蜀,张仪曰:"不如伐韩。"王曰:"请闻其说。"对曰:"亲魏善楚,下兵三川,塞镮辕、缑(gōu)氏之口,当屯留之道,魏绝南阳,楚临南郑,秦攻新城、宜阳,以临二周之郊,诛周主之罪,侵楚、魏之地。周自知不救,九鼎宝器必出。据九鼎,按图籍,挟天子以令天下,天下莫敢不听,此王业也。今夫蜀,西僻之国,而戎狄之长也。弊兵劳众,不足以成名;得其地,不足以为利。臣闻争名者于朝,争利者于市。今三川、周室,天下之市朝也,而王不争焉,顾争于戎狄,去王业远矣。"

司马错曰:"不然!臣闻之:欲富国者,务广其地;欲强兵者,务富其民;欲王者,务博其德。三资者备,而王随之矣。今王之地小民贫,故臣愿从事于易。夫蜀,西僻之国也,而戎狄之长也,而有桀、纣之乱,以秦攻之,譬如使豺狼逐群羊也。取其地足以广国也,得其财足以富民缮兵,不伤众而彼已服矣。故拔一国而天下不以为暴。利尽四海,诸侯不以为贪。是我一举而名实两附,而又有禁暴止乱之名。今攻韩,劫天子。劫天子,恶名也,而未必利也,又有不义之名。而攻天下之所不欲,危!臣请谒其故。周,天下之宗室也;韩,周之与国也。周自知失九鼎,韩自知亡三川,则必将二国并力合谋,以因乎齐、赵,而求解乎楚、魏,以鼎与楚,以地与魏,王不能禁,此臣所谓危。不如伐蜀之完也。"

惠王曰:"善,寡人听子。"卒起兵伐蜀。十月取之,遂定蜀,蜀主更号为

侯，而使陈庄相蜀。蜀既属，秦益强富厚，轻诸侯。

译文

　　司马错和张仪在秦惠王面前争论。司马错想攻打蜀国，张仪说："不如去攻打韩国。"秦惠王说："请让我听听你攻打韩国的具体主张。"张仪回答说："我们秦国先亲近魏国、交好楚国，然后出兵三川，堵住轘辕、缑氏的险要道口，截断屯留之道；让魏国封锁南阳；让楚国进军南郑；我们攻打新城、宜阳，一直打到东西二周的郊外，声讨二周君主的罪恶，然后再侵占楚国、魏国的土地。东、西二周自知不可挽救，一定会献出九鼎宝器。我们据有了九鼎，再查看那里的地图和户籍，进而控制二周的国土，强迫周天子以他的名义号令天下，各诸侯国自然没有一个敢不服从的，这可是帝王的大业啊。而那蜀国，是西部的僻远之地的小国，又是戎狄之首。出兵攻蜀，使士兵疲劳，民众劳苦，不足以成就什么功名，得了蜀国的土地，也算不得什么利益。我听说：要争名的须在朝中，要争利的当在市上。当今三川和周王室，才是天下的朝廷和集市呢，大王您却不去争夺，反而要同那戎狄争夺，这就离帝业太远了。"

　　司马错说："不对。我听说过这样的话：要想国家富强，定要开拓疆土；要想兵力强盛，定要使百姓富足；要想做帝王，定要使恩德深厚。这三个条件齐备了，帝王的事业自然就随之而成了。现在，大王的国土狭小，百姓又贫穷，所以我希望先做简单易行的事。蜀国是西部偏僻地方的国家，又是戎狄的首领，并且还有像夏桀、殷纣那样的祸乱。凭着我们秦国去攻打它，那真像驱使豺狼追逐羊群一样啊。占领了蜀国的土地，就能扩展我国的疆土；得到蜀国的财富，足以使人民富裕、军队得到补充；打一仗而不至于伤害许多人，那蜀国却已顺服了。所以说，我们攻下一个国家，天下的人也并不认为我们残暴；取尽蜀国的财富，各国诸侯也并不认为我们贪婪。这就是说，我们用兵一次，却能名利双收，还得到了制止暴虐、平定叛乱的好名声。现在要去攻打韩国，胁迫天子，而胁迫天子的名声很坏啊，而且未必能得到什么好处，倒落了个不义的名声。要知道，去攻打天下的人所不愿攻打的国家，是很危险的！请允许我说明其中的理由：周是各诸侯国的宗主国,而韩国又亲近周。周国如果自知要失去九鼎宝器,韩国自知要失掉三川,那么,这两国一定会同心协力对付我国,并且还会借助齐国、赵国的力量,求救于楚国、魏国。周国若把九鼎送给楚国,韩国把土地送给魏国,大王您是不能制止的。这就是我所说的危险,不如伐蜀妥当。"

秦惠王说:"讲得对! 我听您的。"秦国终于出兵攻伐蜀国。秦惠王二十二年十月攻取蜀地,平定了蜀国。蜀国君主的称号改为侯,秦国又派陈庄去做蜀相。蜀国归属秦国后,秦国就更加强盛起来,再也不把各国诸侯放在眼里。

作品赏析

秦自孝公任用商鞅变法之后,从根本上改变了以往"兵弱而主卑"的局面,国势渐盛。孝公死,子惠王继位,商鞅被杀,但变法的成果依然延续,秦国不断向外拓展疆域,走上了日益强大的道路。本文所写即为秦向外扩张的重大事件之一,发生在秦惠王更元九年(前316)。当时,蜀有内乱,司马错力主乘机伐之,秦惠王采纳了他的意见。司马错一举灭蜀,于是"秦益强富厚,轻诸侯"。

司马错提出伐蜀主张后,先以"不然"二字否定张仪建议伐韩的观点。接着高屋建瓴,从广地、富民、博德这三个建立王业的必备条件发论。随后由当时客观形势和秦国现实状况出发,作正、反两方面的纵深论述,一一揭示伐蜀之利,攻韩之弊,从而凸显灭蜀的切实可行。整篇文章气势充沛,层次井然,如悬瀑飞泻,一气呵成。

唐雎说信陵君

《战国策·魏策》

原文

信陵君杀晋鄙,救邯郸,破秦人,存赵国。赵王自郊迎。唐雎(jū)谓信陵

君曰："臣闻之曰：'事有不可知者，有不可不知者；有不可忘者，有不可不忘者。'"信陵君曰："何谓也？"

对曰："人之憎我也，不可不知也；吾憎人也，不可得而知也。人之有德于我也，不可忘也；吾有德于人也，不可不忘也。今君杀晋鄙，救邯郸，破秦人，存赵国，此大德也。今赵王自郊迎，卒然见赵王，臣愿君之忘之也。"信陵君曰："无忌谨受教。"

译文

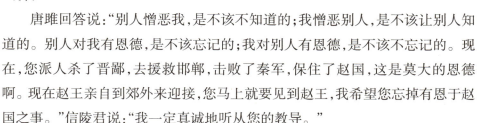

信陵君杀晋鄙，解了邯郸之围，打败了秦军，保住了赵国，赵王亲自到郊外迎接他。唐雎告诉信陵君说："我听有句俗话说：生活中的事情有不该知道的，有不该不知道的；有不该忘记的，有不该不忘记的。"信陵君听了，便问道："这话怎么讲？"

唐雎回答说："别人憎恶我，是不该不知道的；我憎恶别人，是不该让别人知道的。别人对我有恩德，是不该忘记的；我对别人有恩德，是不该不忘记的。现在，您派人杀了晋鄙，去援救邯郸，击败了秦军，保住了赵国，这是莫大的恩德啊。现在赵王亲自到郊外来迎接，您马上就要见到赵王，我希望您忘掉有恩于赵国之事。"信陵君说："我一定真诚地听从您的教导。"

作品赏析

秦军围困赵国首都邯郸，赵求救于魏。魏安釐王畏秦强大，表面上派大将晋鄙率军援救，实际上命晋鄙驻军魏、赵边境隔岸观火。魏公子信陵君力主救赵，他设计窃得兵符，到晋鄙军中假传魏王命令，使朱亥椎杀晋鄙，夺得兵权，率大军击败秦军，解除了邯郸之围。赵王亲自到城郊迎接信陵君。本文着重写唐雎在此情形下，及时提醒信陵君不可居功骄傲。

范雎说秦王

《战国策·秦策》

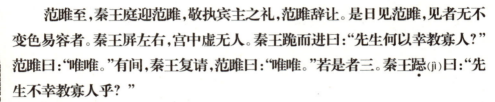

　　范雎至，秦王庭迎范雎，敬执宾主之礼，范雎辞让。是日见范雎，见者无不变色易容者。秦王屏左右，宫中虚无人。秦王跪而进曰："先生何以幸教寡人？"范雎曰："唯唯。"有间，秦王复请，范雎曰："唯唯。"若是者三。秦王跽(jì)曰："先生不幸教寡人乎？"

　　范雎谢曰："非敢然也。臣闻始时吕尚之遇文王也，身为渔父而钓于渭阳之滨耳。若是者，交疏也。已一说而立为太师，载与俱归者，其言深也。故文王果收功于吕尚，卒擅天下而身立为帝王。即使文王疏吕望而弗与深言，是周无天子之德，而文、武无与成其王也。今臣，羁旅之臣也，交疏于王，而所愿陈者，皆匡君臣之事，处人骨肉之间。愿以陈臣之陋忠，而未知王心也。所以王三问而不对者，是也。

　　"臣非有所畏而不敢言也。知今日言之于前，而明日伏诛于后，然臣弗敢畏也。大王信行臣之言，死不足以为臣患，亡不足以为臣忧，漆身而为厉，被发而为狂，不足以为臣耻。五帝之圣而死，三王之仁而死，五伯之贤而死，乌获之力而死，奔、育之勇焉而死。死者，人之所必不免也。处必然之势，可以少有补于秦，此臣之所大愿也，臣何患乎？伍子胥橐(tuó)载而出昭关，夜行而昼伏，至于菱水，无以饵其口，膝行蒲服，乞食于吴市，卒兴吴国，阖闾为霸。使臣得进谋如伍子胥，加之以幽囚，终身不复见，是臣说之行也，臣何忧乎？箕子、接舆，漆身而为厉，被发而为狂，无益于殷、楚。使臣得同行于箕子、接舆，漆身可以补所贤之主，是臣之大荣也，臣又何耻乎？

　　"臣之所恐者，独恐臣死之后，天下见臣尽忠而身蹶也，是以杜口裹足，莫肯即秦耳。足下上畏太后之严，下惑奸臣之态，居深宫之中，不离保傅之手，终身暗惑，无与照奸，大者宗庙灭覆，小者身以孤危。此臣之所恐耳！若夫穷辱之事，死亡之患，臣弗敢畏也。臣死而秦治，贤于生也。"

秦王跪曰："先生是何言也！夫秦国僻远，寡人愚不肖，先生乃幸至此，此天以寡人恩(hùn)先生，而存先王之庙也。寡人得受命于先生，此天所以幸先王，而不弃其孤也。先生奈何而言若此！事无大小，上及太后，下至大臣，愿先生悉以教寡人，无疑寡人也。"

范雎再拜，秦王亦再拜。

译文

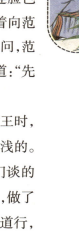

范雎到了秦国，秦昭王在宫廷上迎接他，并恭敬地行了宾主相见之礼。范雎也就称谢逊让。这一天，宫廷里的人看见国君如此接见范雎，都很惊异，连脸色也变了。秦昭王吩咐左右侍从暂时回避。看看宫中没有外人了，秦昭王跪着向范雎请求："先生有什么见教？"范雎只说："是！是！"停了一会儿，秦昭王又问，范雎仍然只说："是！是！"一连三次，都是这样。于是秦王又挺直上身跪着说道："先生终究不肯开导我吗？"

范雎向秦王道歉说："我是不敢这样做的。我听说：当初吕尚遇到周文王时，他不过是个垂钓于渭水之滨的渔翁。像这种情况，他同周文王的交情是很浅的。可是，一经交谈，文王就任命他为太师，与他一同乘车回去，这是因为他们谈的内容很深刻呀。因此，周文王果然得力于吕尚建立了功业，终于据有天下，做了帝王。当初，如果文王疏远吕尚，而不同他深谈，那就是文王没有做天子的道行，也就不会有人帮助文王、武王成就帝业。现在，我是个寄居外地的人，同大王的交情很浅，而我要谈的问题却是很深的，是有关匡正君臣关系的大事，而处在人家的骨肉之间又很难说话，我愿借此机会陈述愚见，可又不了解大王的心思，正因为如此，大王三次发问，我都没回答。

"其实，我这样做也并不是因为有所畏惧而不敢说，虽然，我明知今天当面讲了，明天就有杀身之祸，可是我也没有什么可怕的。只要大王相信我的话，按照我的主张办，就算是让我范雎死，也不足以成为我的顾虑，就算是我被撵走了，也不足以成为我的忧愁，就算是用漆涂身变成了癞子，披头散发变成疯子，也不足以让我感到有什么耻辱。像五帝那样的圣人也得死，三王那样的仁人也得死，五霸那样的贤人也得死，乌获那样的力士也得死，孟贲、夏育那样的勇士也得死。无论是谁，死都是不可避免的。处在这种必然趋势下，如果我的死能有益于秦国，这就是我的最大愿望，我还有什么可顾虑的呢？伍子胥藏在牛皮袋子里混出了昭关，白天躲起来，夜里逃跑，一直逃到菱水，连吃的东西都没有，只得跪着行，爬着走，靠在吴地集市的讨饭维持生存，而后来他终于振兴了吴国，使吴王阖闾称霸诸侯。假使我能像伍子胥那样进献计策而取得成效，就算是把我拘禁起来，终身不得露面，只要依我的计谋行事，我还有什么好忧愁的呢？箕子以漆涂身变成癞子，接舆披头散发变成狂人，可是他们的行为对于殷朝、楚国并没有什么好处。倘若我同箕子、接舆的行为一样，却能对我所信赖的君主的事业有所补益，这就是我最大的光荣，我还会感到什么耻辱呢？

"我所担心的只是我死之后，天下之士见我为尽忠而招致杀身之祸，因而闭口不言、停步不前，都不肯到秦国来罢了。君王啊，您对上惧怕太后的威严，对下受奸臣的迷惑；整天住在深宫之中，身不离女保、女傅的照顾；终身在黑暗迷惑的环境中生活，没有人协助您洞察奸邪之人。照此下去，大则足以亡国，小则使自己陷入孤立危险的境地。这才是我最担心的啊！至于我个人的困窘、屈辱、死亡或出逃，倒不敢有所畏惧。我死了而能使秦国大治，那比我活着还要好得多呢。"

秦王跪着说道："先生，您怎么能这么说呢！我国居僻远之地，而我又愚笨无能，先生竟光临敝国，这真是上苍有意让我烦劳先生，好保住祖先的宗庙啊。我能有机会承蒙先生的指教，这正是老天爷宠爱先王而不愿舍弃他儿子的缘故啊。先生怎么能说这样的话呢！现在不管是大事小事，上到太后，下至大臣，希望先生只管毫无保留地指教我，可别再怀疑我的诚意了！"说到这里，范雎就向秦王拜了两拜，秦王也拜了两拜。

作品赏析

范雎是战国时富有谋略才干的著名人物。他早年在魏曾受屈辱。入秦后，提出了关于政治、军事、外交的一系列主张，如对内论功行赏，因才授官，除掉擅权的贵戚重臣以加强秦王的集权制；对外实行远交近攻策略，把在地理上具有重要地位的韩、魏列为秦向外扩张的首要目标等。秦昭王对这些意见一一采纳，并付诸实施，秦国因此在兼并战争中不断取胜，国力日益强盛。

　　本文记录范雎初会秦昭王时的情景。范雎说秦王，不取纵横家那种锋芒毕露、咄咄逼人的架势。他先是欲言故止，以探测昭王的真意。然后，将自己定位在维护秦昭王根本利益的立场上，引古论今，旁敲侧击，且言且深，渐渐触及要害，揭示出秦国现实政治问题的严重性和危险性，但只是点到为止，并不尽言，而留待昭王自己去深思。后来昭王果然下令废宣太后，逐"四贵"（穰侯、高陵君、华阳君、泾阳君）于关外。事实佐证了范雎这篇议论寓刚于柔、不同凡响的力量。

邹忌讽齐王纳谏

《战国策·齐策》

原文

　　邹忌修八尺有余，而形貌昳（yì）丽。朝服衣冠，窥镜，谓其妻曰："我孰与城北徐公美？"其妻曰："君美甚，徐公何能及君也！"城北徐公，齐国之美丽者也。忌不自信，而复问其妾曰："吾孰与徐公美？"妾曰："徐公何能及君也！"旦日，客从外来，与坐谈。问之："吾与徐公孰美？"客曰："徐公不若君之美也！"

　　明日，徐公来。孰视之，自以为不如。窥镜而自视，又弗如远甚。暮，寝而思之，曰："吾妻之美我者，私我也；妾之美我者，畏我也；客之美我者，欲有求于我也。"

　　于是入朝见威王，曰："臣诚知不如徐公美，臣之妻私臣，臣之妾畏臣，臣之客欲有求于臣，皆以美于徐公。今齐地方千里，百二十城，宫妇左右，莫不私王；

朝廷之臣，莫不畏王；四境之内，莫不有求于王。由此观之，王之蔽甚矣！"

王曰："善。"乃下令："群臣吏民，能面刺寡人之过者，受上赏；上书谏寡人者，受中赏；能谤议于市朝，闻寡人之耳者，受下赏。"

令初下，群臣进谏，门庭若市。数月之后，时时而间进。期年之后，虽欲言，无可进者。燕、赵、韩、魏闻之，皆朝于齐。此所谓战胜于朝廷。

译文

邹忌身高八尺多，容貌俊美。一天早晨，他穿好衣服，戴好帽子，对着镜子端详自己，问他的妻子说："我与城北徐公相比，谁漂亮？"他的妻子说："您比他漂亮，徐公哪能比得上您呢！"城北徐公是齐国有名的美男子。邹忌不相信自己比徐公美，又问他的侍妾说："我与徐公相比，谁漂亮？"妾说："徐公哪能比得上您呀！"第二天，有客人从外边来，邹忌跟他坐着闲聊，问客人说："我和徐公谁漂亮？"客人说："徐公不如您漂亮。"

过了一日，徐公来了。邹忌仔细端详他，自己觉得不如徐公漂亮；又对着镜子审视了一番，更觉得相貌赶不上徐公，相差太远了。晚上，邹忌躺在床上，就琢磨这件事："哦，原来我的妻子说我漂亮，是因为她偏爱我；妾说我漂亮，是因为她害怕我；客人说我漂亮，是因为他有求于我。"

于是邹忌上朝觐见齐威王，说："我明知自己不及徐公漂亮。可是，我的妻子偏爱我，妾害怕我，客人对我有所求，他们都说我比徐公漂亮。如今齐国有方圆千里的疆土，一百二十多座城池。您宫里的嫔妃、近臣，没有不偏爱您的；朝中的大臣没有不害怕您的；全国的老百姓没有不想向您求助的。由此看来，大王受蒙蔽一定很深！"

齐威王说："你说得很对。"于是下了一道命令："官吏及老百姓，凡是能够当面指出我的错误的，就可得头等奖赏；上奏章劝谏我的，就可得二等奖赏；能够在公共场所议论我的过错，只要传到我耳朵里的，就可得下等奖赏。"

命令刚一下达时，群臣都来进谏，门前、院内像集市一样热闹。几个月以后，还陆续有人来劝谏。一年以后，就是有人想劝谏，也没有什么可劝谏的了。燕、赵、韩、魏等国的国君听到齐威王这样纳谏，就都到齐国来朝见进贡。这就是所谓治理好自己的朝政，不用武力就可以战胜诸侯的道理。

作品赏析

这是一篇充满哲理情趣的散文，道出了一条千古不易之理：人贵自知，自知则人莫能蔽。自知，即自胜。自胜，方能胜他，无往不利。

文以"孰美"问答起首，引人入胜。继而写邹忌暮寝自思，因小悟大，进而以此婉讽"王之蔽甚"。再写齐王悬赏纳谏，从而进谏者渐稀。末以"战胜"点睛，水到渠成。全文层层意思，俱用三叠笔法表现，紧扣主旨，整齐而有变化，语言简洁生动，细节摹画淋漓尽致。

冯谖客孟尝君

《战国策·齐策》

原文

齐人有冯谖者，贫乏不能自存，使人属孟尝君，愿寄食门下。孟尝君曰："客何好也？"曰："客无好也。"曰："客何能也？"曰："客无能也。"孟尝君笑而受之，曰："诺。"左右以君贱之也，食以草具。居有顷，倚柱弹其剑，歌曰："长铗归来乎！食无鱼。"左右以告。孟尝君曰："食之，比门下之客。"居有顷，复弹其铗，歌曰："长铗归来乎！出无车。"左右皆笑之，以告。孟尝君曰："为之驾，比门下之车客。"于是乘其车，揭其剑，过其友，曰："孟尝君客我。"后有顷，复弹其剑铗，歌曰："长铗归来乎！无以为家。"左右皆恶之，以为贪而不知足。孟尝君问："冯公有亲乎？"对曰："有老母。"

孟尝君使人给其食用，无使乏。于是冯谖不复歌。

后孟尝君出记，问门下诸客："谁习计会，能为文收责于薛者乎？"冯谖署曰："能。"孟尝君怪之，曰："此谁也？"左右曰："乃歌夫'长铗归来'者也。"孟尝君笑曰："客果有能也，吾负之，未尝见也。"请而见之，谢曰："文倦于事，愦于忧，而性懧愚，沉于国家之事，开罪于先生。先生不羞，乃有意欲为收责于薛乎？"冯谖曰："愿之。"于是约车治装，载券契而行，辞曰："责毕收，以何市而反？"孟尝君曰："视吾家所寡有者。"

驱而之薛，使吏召诸民当偿者，悉来合券。券遍合，起，矫命以责赐诸民，因烧其券。民称万岁。长驱到齐，晨而求见。孟尝君怪其疾也，衣冠而见之，曰："责毕收乎？来何疾也？"曰："收毕矣。""以何市而反？"冯谖曰："君云'视吾家所寡有者'。臣窃计，君宫中积珍宝，狗马实外厩，美人充下陈。君家所寡有者以义耳！窃以为君市义。"孟尝君曰："市义奈何？"曰："今君有区区之薛，不拊爱子其民，因而贾利之。臣窃矫君命，以责赐诸民，因烧其券，民称万岁。乃臣所以为君市义也。"孟尝君不说，曰："诺，先生休矣！"

后期年，齐王谓孟尝君曰："寡人不敢以先王之臣为臣。"孟尝君就国于薛，未至百里，民扶老携幼，迎君道中终日。孟尝君顾谓冯谖："先生所为文市义者，乃今日见之。"冯谖曰："狡兔有三窟，仅得免其死耳。今君有一窟，未得高枕而卧也。请为君复凿二窟。"

孟尝君予车五十乘，金五百斤，西游于梁，谓梁王曰："齐放其大臣孟尝君于诸侯，诸侯先迎之者，富而兵强。"于是梁王虚上位，以故相为上将军，遣使者黄金千斤，车百乘，往聘孟尝君。冯谖先驱，诫孟尝君曰："千金，重币也；百乘，显使也。齐其闻之矣。"梁使三反，孟尝君固辞不往也。齐王闻之，君臣恐惧，遣太傅赍(jī)黄金千斤，文车二驷，服剑一，封书谢孟尝君曰："寡人不祥，被于宗庙之祟，沉于谄谀之臣，开罪于君。寡人不足为也，愿君顾先王之宗庙，姑反国统万人乎！"冯谖诫孟尝君曰："愿请先王之祭器，立宗庙于薛。"庙成，还报孟尝君曰："三窟已就，君姑高枕

为乐矣。"

孟尝君为相数十年，无纤介之祸者，冯谖之计也。

译文

　　齐国有个叫冯谖的人，穷得没办法养活自己。他拜托别人去请求孟尝君，想在孟尝君门下做个食客。孟尝君问："这位客人爱好什么？"那人回答说："没有什么爱好。"孟尝君又问："这位客人有什么才能？"那人回答说："没有什么才能。"孟尝君就笑着答应收留他，说："好吧。"孟尝君左右的人认为主人看不起冯谖，就只给他粗劣的饭食吃。过了不久，冯谖倚着庭柱弹着他的剑把，唱道："长剑呀，咱们回去吧！饭食中没有鱼啊！"左右的人把这事告诉了孟尝君。孟尝君说："给他鱼吃，按照一般门客的伙食标准办理。"又过了几天，冯谖又弹着他的剑把，唱道："长剑呀，咱们回去吧！出门没有车子坐啊！"左右的人都讪笑他，又把这事报告给了孟尝君。孟尝君说："给他备车，比照门下车客的标准办理。"于是冯谖就乘着他的车，带着他的剑，去拜访他的朋友，说："孟尝君把我当上客看待了。"此后没几天，他又弹着他的剑和剑把，唱道："长剑呀，咱们回去吧！无法养家啊！"左右的人都讨厌他，认为他贪心不足。孟尝君就问他们："冯先生还有双亲吗？"他们回答说："有个老母亲。"孟尝君就派人供给他母亲生活费用，不让她缺少什么。从此，冯谖就不再弹剑唱歌了。

　　后来，孟尝君贴出了告示，询问门下的全体门客："哪一位熟悉会计工作，能替我到薛邑去收债？"冯谖就签名说："我能。"孟尝君感到很奇怪，问道："这冯谖是谁？"左右的人说："这就是那个唱'长剑呀，回去吧'的人。"孟尝君笑着说："这位门客果真是有才能的！我亏待了他，还不曾接见过他呢。"于是孟尝君就把冯谖请来相见，向他道歉说："我被繁多的事情搞得很疲倦，又被烦恼搅得心烦意乱，而生性又懦弱愚笨，让国事纠缠住了，脱不开身，以致得罪了先生。先生没把这种冷遇看成是一种羞辱，不知您还愿意为我到薛邑去收债吗？"冯谖回答说："愿意去。"于是冯谖套好了车，收拾了行李，把借契装在车上准备出发，动身前向孟尝君辞行道："收完了债，用债款买些什么东西回来呢？"孟尝君说："看看我

家缺什么就买什么吧。"

冯谖驱车赶到了薛邑,就叫官吏召集老百姓中该还债的,都来验对借契。借契全验完了,他就站起来,假托孟尝君的命令把债款全部赏给老百姓,并随即烧掉了借契,老百姓都欢呼万岁。冯谖驱车赶回齐都,早晨就去求见孟尝君。孟尝君对冯谖回来这么快感到惊讶,穿戴好衣帽接见他,问道:"债收齐了吗?回来得怎么这么快啊?"冯谖回答说:"收齐了。""用债款买了什么东西回来?"冯谖说:"您说'看看我家缺什么就买什么'。我心里盘算着:您宫中堆满了珍珠宝贝,猎狗、骏马挤满了厩棚,美人站满了堂下。您府上所缺少的只是仁义罢了。我就擅自做主用债款为您买了仁义。"孟尝君说:"'买义'是怎么回事?"冯谖说:"现今您只有小小的薛邑作为封地,可是您并不体恤那里的老百姓,反倒用商人的手段向他们盘剥取利。我就私自假托您的命令,把债款完全赏赐给老百姓,随即烧掉了借契,老百姓都欢呼万岁。这就是我为您买的仁义啊!"孟尝君听了很不高兴,说:"嗯,先生,您去休息吧!"

过了一年,齐王对孟尝君说:"我不敢把先王的臣子当做我的臣子。"孟尝君只得动身到他的封地薛邑去。当他的车马距离薛邑还有一百里的时候,只见老百姓已经扶老携幼,在道旁迎接他,一天到晚络绎不绝。孟尝君回头对冯谖说:"先生替我买的仁义,我今天才见到。"冯谖说:"狡猾的兔子有三个洞穴,这样也只能免于死亡罢了。现在您只有一个洞穴,还不能高枕而卧呢!请让我再给您开凿两个洞穴吧。"

孟尝君就给了冯谖五十辆车子、五百斤金子,让冯谖往西到梁国去游说。冯谖对梁惠王说:"齐国把他的大臣孟尝君驱逐到别国去,诸侯之中凡是能抢先迎接他的,一定能够国富兵强。"于是梁王就空出一个最高的官位来,让原来的相做上将军,还派了使者带着一千斤黄金、一百辆车子,专程去聘请孟尝君。冯谖先驱车回国,提醒孟尝君说:"一千斤黄金是很重的聘礼;出动一百辆车子,派来的是一位很显赫的使臣。齐国的人想必已经听到这个消息了。"梁国的使者往返三次聘请孟尝君,可是孟尝君坚决辞谢,不肯去梁国。齐王听到这个消息,恐慌起来,立即派太傅带了一千斤黄金,两辆彩饰的车子,一把齐王的佩剑,一封齐王的亲笔信,向孟尝君道歉,信中说:"我很没有福气,遭到了祖宗神灵的惩罚,

受了那些谄媚的臣子的蒙蔽，以至于得罪了您，我这个人不会有什么作为，是不值得辅助的。希望您顾念先王的宗庙，姑且回国治理全国的老百姓吧！"这时，冯谖又提醒孟尝君说："希望您请求国君分给您一份先王传下来的祭器，在薛邑建一座宗庙。"宗庙落成后，冯谖回来报告孟尝君说："三个洞穴全已筑好，您可以高枕无忧，安心享乐了。"

孟尝君做了几十年的齐相，而没遭受丝毫的灾祸，这全靠冯谖的计策啊。

作品赏析

战国时代，养士之风大盛。各国贵族竞相网罗士人为门客，利用他们的知识、本领，来壮大自己的势力名声。士凭此安身立命，这不失为一种入仕捷径。本文所写冯谖为孟尝君门客事，就生动地揭示出了这种关系。

孟尝君门下食客三千，既有王安石笔下所讥的鸡鸣狗盗之辈，也有像冯谖这样具备政治远识和实际才干的佼佼者。冯谖三弹剑铗，长歌牢骚，孟尝君一一满足了他的要求。为报知遇之恩，冯谖为孟尝君设计经营"三窟"：一是焚券市义，在孟尝君封邑薛地当众烧毁债券，局部减轻人民负担，赢得了人们的好感和爱戴；二是利用魏王抬高孟尝君身份，巩固其地位；三是请齐王立宗庙于薛，使薛地有重兵把守，孟尝君也就无后顾之忧。有此"三窟"，孟尝君虽身居高位，处于统治集团内部斗争旋涡之中，而能终身无祸。

写作上，本篇善于蓄势储能，迭造悬念，以欲扬先抑、欲露先隐的手法，使全文波澜层出，姿态横生。

赵威后问齐使

《战国策·齐策》

原文

齐王使使者问赵威后。书未发，威后问使者曰："岁亦无恙耶？民亦无恙耶？王亦无恙耶？"使者不说，曰："臣奉使使威后，今不问王而先问岁与民，岂先贱而后尊贵者乎？"威后曰："不然。苟无岁，何以有民？苟无民，何以有君？故有问，舍本而问末者耶？"

乃进而问之曰："齐有处士曰钟离子，无恙耶？是其为人也，有粮者亦食，无粮者亦食；有衣者亦衣，无衣者亦衣。是助王养其民者也，何以至今不业也？叶阳子无恙乎？是其为人，哀鳏寡，恤孤独，振困穷，补不足。是助王息其民者也，何以至今不业也？北宫之女婴儿子无恙耶？撤其环瑱(tiàn)，至老不嫁，以养父母。是皆率民而出于孝情者也，胡为至今不朝也？此二士弗业，一女不朝，何以王齐国，子万民乎？於陵子仲尚存乎？是其为人也，上不臣于王，下不治其家，中不索交诸侯。此率民而出于无用者，何为至今不杀乎？"

译文

齐王派了个使者来问候赵威后。书信还没有开封，威后就问使者说："贵国今年的年成好吗？老百姓平安吗？国君还康健吗？"使者听了很不高兴，说："我奉命来问候您，如今您不先问国君，却先问年成和老百姓，哪能先问卑贱的而后问尊贵的呢？"威后说："不能这样讲。倘若没有好年成，怎么会有老百姓？倘若没有老百姓，怎么会有国君？哪有抛开根本而问细枝末节的道理呢？"

于是赵威后又进一步问使者说:"齐国有个叫钟离子的隐士,他还好吗?这个人的为人,有粮的也罢,没粮的也罢,他都给他们吃的;有衣服的也罢,没衣服的也罢,他都给他们穿的。这是个帮助国君养活老百姓的人,为什么至今还不让他出仕建功立业呢?叶阳子他好吗?这个人的为人,可怜鳏夫寡妇,抚恤孤儿和年老无子的人,赈济穷苦的人,补助衣食不足的人。这是个帮助国君使百姓繁衍下去的人,为什么至今还不让他出仕建功立业呢?北宫家的女儿婴儿子好吗?她放弃打扮,到老都不出嫁,以赡养父母。这是个引导老百姓行孝的人,为什么至今还不给她加封号,让她朝见国君呢?这两位贤士还没出仕成就功业,一个孝女不得荣封,齐国国君凭什么统治齐国而做百姓的父母呢?於陵的子仲还活着吗?这个人的为人呀,对上不肯做国君的臣子,对下管理不好家族,对外又不求同诸侯结交,这是个引诱老百姓无所作为的人,为什么至今还不杀掉他呢?"

作品赏析

赵威后是战国后期赵惠文王后。惠文王卒,其子孝成王新立,赵威后以太后身份摄政。

本文所写之事即发生于此时。赵威后对齐使的七次连珠式发问,贯通了全文中心脉络。前三问着眼于社会经济基础,后四问婉转批评齐国政治现状,自始至终体现出赵威后所持君轻民贵、以民为本的政治思想和维护封建伦理、统治秩序的立场。在《战国策》写到的女政治家中,赵威后堪称最有光彩的一位。虽说民本思想早在《左传》中已明确提出,并非她的发明,但是,在列国争战、社会动荡的当时,赵威后坚持这种思想见解,仍不失民主性光辉和积极意义。全文章法句式寓变化于严整。七次发问,一气呵成。每问既扣主旨,又各有侧重。或正面设问,或反诘责难,或有问有答,或自问自答,无不辞婉意庄,转接自然,言出理随,气势充沛。

乐毅报燕王书

《战国策·燕策》

原文

昌国君乐毅，为燕昭王合五国之兵而攻齐。下七十余城，尽郡县之以属燕。三城未下，而燕昭王死。惠王即位，用齐人反间，疑乐毅，而使骑劫代之将。乐毅奔赵，赵封以为望诸君。齐田单诈骑劫，卒败燕军，复收七十余城以复齐。

燕王悔，惧赵用乐毅乘燕之弊以伐燕。燕王乃使人让乐毅，且谢之，曰："先王举国而委将军，将军为燕破齐，报先王之仇，天下莫不振动，寡人岂敢一日而忘将军之功哉？会先王弃群臣，寡人新即位，左右误寡人。寡人之使骑劫代将军，为将军久暴露于外，故召将军，且休计事。将军过听，以与寡人有隙，遂捐燕而归赵。将军自为计则可矣，而亦何以报先王之所以遇将军之意乎？"

望诸君乃使人献书报燕王曰：

"臣不佞，不能奉承先王之教，以顺左右之心，恐抵斧质之罪，以伤先王之明，而又害于足下之义，故遁逃奔赵。自负以不肖之罪，故不敢为辞说。今王使使者数之罪，臣恐侍御者之不察先王之所以畜幸臣之理，而又不白于臣之所以事先王之心，故敢以书对。

"臣闻贤圣之君，不以禄私其亲，功多者授之；不以官随其爱，能当者处之。故察能而授官者，成功之君也；论行而结交者，立名之士也。臣以所学者观之，先王之举错，有高世之心，故假节于魏王，而以身得察于燕。先王过举，擢之乎宾客之中，而立之乎群臣之上，不谋于父兄，而使臣为亚卿。臣自以为奉令承教，可以幸无罪矣，故受命而不辞。

"先王命之曰：'我有积怨深怒于齐，不量轻弱，而欲以齐为事。'臣对曰：'夫齐，霸国之余教而骤胜之遗事也。闲于甲兵，习于战攻。王若欲伐之，则必举天下而图之。举天下而图之，莫径于结赵矣。且又淮北、宋地，楚、魏之所同愿也。赵若许约，楚、魏尽力，四国攻之，齐可大破也。'先王曰：'善。'臣乃口受令，具符节，南使臣于赵。顾反命，起兵随而攻齐。以天之道，先王之灵，河北之地，随先王举而有之于济上。济上之军奉令击齐，大胜之。轻卒锐兵，长驱至国，齐王逃遁走莒，仅以身免。珠玉、财宝、车甲、珍器，尽收入燕。大吕陈于元英，故鼎返乎历室，齐器设于宁台。蓟(jì)丘之植，植于汶篁。自五伯以来，功未有及先王者也。先王以为顺于其志，以臣为不顿命，故裂地而封之，使之得比乎小国诸侯。臣不佞，自以为奉令承教，可以幸无罪矣，故受命而弗辞。

"臣闻贤明之君，功立而不废，故著于《春秋》；蚤知之士，名成而不毁，故称于后世。若先王之报怨雪耻，夷万乘之强国，收八百岁之蓄积，及至弃群臣之日，余令诏后嗣之遗义，执政任事之臣，所以能循法令，顺庶孽者，施及萌隶，皆可以教于后世。

"臣闻善作者不必善成，善始者不必善终。昔者伍子胥说听乎阖闾，故吴王远迹至于郢；夫差弗是也，赐之鸱(chī)夷而浮之江。故吴王夫差不悟先论之可以立功，故沉子胥而弗悔；子胥不蚤见主之不同量，故入江而不改。夫免身全功，以明先王之迹者，臣之上计也。离毁辱之非，堕先王之名者，臣之所大恐也。临不测之罪，以幸为利者，义之所不敢出也。

"臣闻古之君子，交绝不出恶声；忠臣之去也，不洁其名。臣虽不佞，数奉教于君子矣。恐侍御者之亲左右之说，而不察疏远之行也，故敢以书报，唯君之留意焉。"

译文

昌国君乐毅替燕昭王联合了五国的军队，去攻打齐国。攻占了七十多座城邑，并把这些城邑全部划成归燕国所辖的郡县。齐国还有三座城没被攻下，这时燕昭王就去世了。燕惠王即位，他中了齐人的反间计，猜疑乐毅，就派骑劫接替乐毅担任统帅。于是乐毅就逃到了赵国,赵国封他为望诸君。齐国的田单用计诓骗了骑劫,终于打败了燕军,收复了七十多座城池,从而光复了齐国。

这时,燕王又后悔了,害怕赵国起用乐毅并趁燕国被打败之机来进攻燕国。燕王就派人前往赵国责备乐毅,并且对他表示歉意,说:"先王把整个国家都托付给了将军,您也不负重托,为燕国打败了齐国,报了先王的仇,天下诸侯没有不为之震动的,我岂敢有一天忘记将军的功劳呢?当时恰逢先王去世,我刚即位,侍臣们误会了我的意思。我派骑劫接替将军,是因为将军长期在外作战,饱受日晒夜露之苦,所以特意把将军召回来暂且休息一下,并要同您共商国事。而将军却误信了传言,以至于与我有了隔阂,于是就舍弃燕国转而投奔赵国去了。将军如果单纯地为个人打算,这当然是可以的了,可是将军也要想一想,该拿什么报答先王对您的知遇之恩呢?"

望诸君乐毅便差人呈送一封信回复燕王说:

"我没什么才干,没能很好地遵奉先王的教导,以顺从您的心愿,我担心遭受杀身之罪,以致损伤了先王的知人之明,又害您蒙上不义的名声,因此我只好逃奔到赵国。我自己承担了不贤的罪名,也就不敢写信为自己辩白。如今大王派使者来责备我的罪过,我唯恐大王不能明察先王栽培、爱护我的理由,又不明白我侍奉先王的诚心,所以我冒昧地以书信奉告。

"我听说贤明的君主,不会偏私地把俸禄赏给他的亲信,而要赏给功劳多的人;不会把官爵随便赏给他所喜爱的人,而要让称职的人居其位。所以说,考察有才学本领的人而授官的,是能建立功勋的君主;论德行而交友的,是能树立名节的士人。我用所学到的知识来观察,先王用人的措施,超出一般世人的见解,所以我就从魏王那里以使臣的身份出使,得以来到燕国。承蒙先王的过分抬举,把我从宾客之中选拔出来,让我位居群臣之上。先王也没有同宗室大臣商议,又任命我为亚卿。我自以为如果我能遵奉先王的命令,接受先王的教诲,就可以侥幸免除罪过,所以就接受了任命而没有推辞。

"先王命令我说:'我跟齐国有郁积已久的深仇大恨,我也不顾及自己的军队很少,兵力很弱,而要以灭齐为己任。'我回答说:'那齐国尚有当年称霸的政治影响,又有屡次战胜敌国的经验,熟悉军事,惯于作战。大王如果要攻打齐国,就必须与各国诸侯联合起来对付它。而要同各国诸侯一起对付它,没有比同赵国结盟更便利的了。再说,淮北、宋地,是楚、魏都想得到的地方。赵国若答应结盟,楚国、魏国都能尽力,四国联合攻打齐国,就可以把它打得大败。'先王说:'很好。'我于是接受面谕,准备好符节,南行出使赵国。不久,我就回国复命,发兵随先王攻打齐国。仰仗着上天的保佑、先王的威望,黄河北岸一带的军队跟随先王出征,攻占了黄河以北的齐国土地,打到了济水边。占领了济水以西的燕军又奉命追击齐军,把齐军打得大败。燕国的轻装精锐部队长驱直入,一直打到齐国的都城。齐王逃到莒城,仅仅幸免于难。于是,齐国的珠玉、财宝、军用物资、珍贵器皿,全部收归燕国所有。大吕钟陈列在元英殿,原燕国的鼎又回到了历宝宫,齐国的祭器都拿回来陈列在宁台,蓟丘所种植的植物,移种到汶水之滨的竹田里。自从春秋五霸以来,没有一个人的功绩可以与先王相比。先王觉得很满意,认为我不辱使命,因而分封给我土地,使我的地位相当于小国的诸侯。我虽然没有什么才干,可是我自认为遵奉先王的命令,听从先王的教诲,是可以侥幸免罪的,所以也就接受了封赏而没有推辞。

"我听说英明的君主,功勋建立了便不会废弃,所以能载入史册;有先见之明的士人,成就了功名就不会毁坏自己的名誉,所以能见称于后世。像先王那样立志报仇雪耻,征服了强大的敌国,没收了齐国八百余年来蓄积的财富,直到去世时,先王留下诏示继立后嗣的遗训,仍是执政任事大臣顺利而妥善地安排王室子孙的依据,并对老百姓产生了良好的影响,先王的这些功勋都可以教育后世。

"我听说善于开创事业的人,不一定把事情做成功;有好开头的,不一定有好结局。从前,伍子胥游说吴王阖闾,吴王采纳了他的主张,因此吴国能远征到楚国的郢都。吴王夫差不赞成伍子胥的主张,勒令他自杀,并把他的尸体装进皮囊抛入江中。夫差不晓得按照伍子胥生前的计划去做就可以建立功勋,所以他把伍子胥的尸体投入江中而毫不后悔;伍子胥未能及早地察觉两个君主的气度不同,所以至死也不改变主张。对我来说,能脱身免祸,保全功名,以彰显先王的业绩,这是上策。遭受诋毁屈辱的责难,败坏先王的英名,这是我最担心的。面临不可预知的重罪,还要以侥幸心理去谋私利,从道义上说,这是我绝对

不敢做的。

"我听说古代的君子,即使同朋友绝交了,也不会恶言相向;忠臣不得已而出奔他国,也决不肯为了洗刷自己的恶名而归咎于君主。我虽然没什么才干,也曾多次在君子那里受过指教。我恐怕您听信了左右亲信的话,而不明察被疏远之臣的所作所为,所以冒昧地以书信作答,希望您留意阅览。"

作品赏析

燕王哙末年,齐国乘燕内乱而入侵。燕昭王即位后,励精图治,广纳四方人才。乐毅于此时由魏入燕,任亚卿,联合各国,为伐齐作准备。公元前284年,乐毅为燕上将军,并佩赵相国印,统领燕、赵、楚、韩、魏五国之师攻齐,大胜。乐毅遣还诸国军队,独率燕师攻克齐都临淄,破齐七十余城,被燕昭王封为昌国君。公元前279年,昭王去世。齐将田单乘机施反间计,说乐毅欲据齐地称王。继位的燕惠王原本就猜忌乐毅,他当即派骑劫替代乐毅为帅。乐毅遂奔赵避祸,赵封他为望诸君。骑劫不久便军破身亡,把乐毅所克七十余城丧失殆尽。燕惠王既悔其事,又恐乐毅怀恨报复,便写信给乐毅,粉饰自己,而反责乐毅弃燕投赵,不报先王知遇之恩。乐毅复信反驳惠王的无理指责,表白自己对燕国的忠贞心迹,希望惠王能承先王知人善任的遗教。此信措辞婉转得体,诚挚感人,是历代传诵的名篇。

小百科 / XiaoBaiKe

在影视剧中,我们经常看到身着黑衣的杀手。他们飞檐走壁,武功高强,杀人不眨眼。其实,杀手是人类最最古老的职业之一,但就目前的史料来看,很难说历史上第一个杀手出自何时。《史记·刺客列传》里记载了中国最早的一批刺客杀手,其中最著名的故事就是荆轲刺秦王;在西方,亚历山大的父亲、马其顿帝国的开创者腓力二世遇刺身亡,杀手是谁成为千古之谜。有人说,"杀手是世界上最孤独的人,宛如丛林里的老虎。"春秋战国时代,杀手的目的更多的是政治使命或个人恩怨。

李斯（前280~前208），字通古，战国末年楚国上蔡（今河南上蔡西南）人。政治家、文学家和书法家。他协助秦始皇统一天下，后被秦始皇任为秦朝丞相。秦朝开国初期，他参与制定了秦朝律法，统一车轨、文字、度量衡。他主持整理出的小篆作品：《峄山石刻》《泰山石刻》《琅琊石刻》《会稽石刻》等，极具文学和历史价值，历代文学家、史学家对其评价极高。秦始皇死后，李斯与赵高合谋，制造了一份假遗诏，先假传始皇旨意令太子扶苏自杀，后将始皇少子胡亥立为皇帝。二世即位后赵高惧怕李斯对其地位产生威胁，于秦二世二年（前208）将李斯腰斩于咸阳闹市，并夷其三族。

谏逐客书

李 斯

原文

秦宗室大臣皆言秦王曰："诸侯人来事秦者，大抵为其主游间于秦耳。请一切逐客。"李斯议亦在逐中。斯乃上书曰：

"臣闻吏议逐客，窃以为过矣。昔穆公求士，西取由余于戎，东得百里奚于宛，迎蹇叔于宋，求丕豹、公孙支于晋。此五子者，不产于秦，而穆公用之，并国二十，遂霸西戎。孝公用商鞅之法，移风易俗，民以殷盛，国以富强，百姓乐用，诸侯亲服，获楚、魏之师，举地千里，至今治强。惠王用张仪之计，拔三川之地，西并巴、蜀，北收上郡，南取汉中，包九夷，制鄢、郢，东据成皋之险，割膏腴之壤，遂散六国之众，使之西面事秦，功施到今。昭王得范雎，废穰侯，逐华阳，强公室，杜私门，蚕食诸侯，使秦成帝业。此四君者，皆以客之功。由此观之，客何负于秦哉！向使四君却客而不内，疏士而不用，是使国无富利之实，而秦无强大之名也。

"今陛下致昆山之玉，有随、和之宝，垂明月之珠，服太阿之剑，乘纤离之马，建翠凤之旗，树灵鼍（tuó）之鼓。此数宝者，秦不生一焉，而陛下说之，何也？必秦国之所生然后可，则是夜光之璧，不饰朝廷；犀、象之器，不为玩好；郑、卫之女，不充后宫；而骏马駃騠（jué tí），不实外厩；江南金锡不为用，西蜀丹青不为采。所以饰后宫、充下陈、娱心意、说耳目者，必出于秦然后可，则是宛珠之簪、傅玑之珥、阿缟（gǎo）之衣、锦绣之饰，不进于前；而随俗雅化、佳冶窈窕赵女，不立于侧也。夫击瓮叩缶，弹筝搏髀（bì），而歌呼呜呜，快耳目者，真秦之声也。郑、卫桑间，《韶虞》、《武象》者，异国之乐也。今弃击瓮叩缶而就郑、卫，退弹筝而取《韶虞》，若是者何也？快意当前，适观而已矣。今取人则不然。不问可否，不论曲直，非秦者去，为客者逐。然则是所重者，在乎色乐珠玉；而所轻者，在乎人民也。此非所以跨海内、制诸侯之术也。

"臣闻地广者粟多，国大者人众，兵强则士勇。是以太山不让土壤，故能成其大；河海不择细流，故能就其深；王者不却众庶，故能明其德。是以地无四方，民无异国，四时充美，鬼神降福，此五帝、三王之所以无敌也。今乃弃黔首以资敌国，却宾客以业诸侯，使天下之士退而不敢西向，裹足不入秦，此所谓藉寇兵而赍盗粮者也。夫物不产于秦，可宝者多；士不产于秦，而愿忠者众。今逐客以资敌国，损民以益仇，内自虚而外树怨于诸侯，求国无危，不可得也。"

秦王乃除逐客之令，复李斯官。

译文

秦国宗室大臣都对秦王说："各诸侯国前来秦国做官员的人，大都是替他们的君主游说、离间秦国的，请把全部客卿一律驱逐出境。"李斯也在计议驱逐之列。于是李斯上疏秦王说：

"听说官吏们建议驱逐所有的客卿，我私下认为这样做就错了！当初，穆公招纳贤士，西边从戎族地区请来了由余，东边从宛地聘到百里奚，从宋国迎来了

塞叔，从晋国招来了丕豹和公孙支。这五位贤士并不是在秦国出生的，而穆公任用他们，就兼并了二十个小国，称霸于西戎。孝公采用了商鞅变法的主张，移风易俗，人民因此富足兴旺，国家从此富裕昌盛，百姓乐于为国家效力，列国诸侯也亲近臣服，并因此战胜了楚、魏的军队，攻取了上千里的土地，国家至今安定强盛。惠王采纳了张仪的计策，攻占了三川地区，西边兼并巴蜀，北边收得上郡，南边攻取汉中，吞并九夷，控制鄢、郢之地，东边占领了要塞成皋，割取了富饶肥沃的土地，于是瓦解了六国的联盟，迫使他们倾向西方，侍奉秦国，这些功绩所带来的益处一直延续到今天。昭王任用范雎，罢黜穰侯，放逐华阳君，加强了王室的权威，削弱了权臣的势力，又吞食列国的领土，使秦国奠定了统一全国的基础。这四位君王之所以有所成就，都是凭借客卿的功劳。由此看来，客卿有什么辜负秦国的地方呢！假使当初四位国君拒绝客卿而不予接纳，疏远贤臣而不予任用，这就会使国家得不到富裕强盛所带来的实力，秦国也不会拥有强国的名声了。

　　"如今，陛下得到了昆山的美玉，拥有随侯珠、和氏璧这样的珍宝，衣冠上坠着明月珠，身上佩着太阿宝剑，驾着纤离的宝马，竖立着饰有翠凤羽毛的旗，架起了灵鼍皮做成的鼓。这几件宝物，秦国一件也不出产，而陛下却非常喜欢，这是为什么呢？如果一定得是秦国出产的才能用，那么夜光璧就不能装饰在朝廷里；犀角、象牙制成的器皿不能成为玩赏之物；后宫里不能有郑国、卫国的美女；外边的马厩里不能有驶騠骏马；不能用江南产的金锡来制作器物；也不能用西蜀的颜料来进行彩绘。如果凡是用来装饰后宫、站满堂下、赏心快意、悦耳娱目的，一定得是秦国出产的才行，那么镶着宛珠的发簪、嵌着珠子的耳环、东阿白绢织成的衣服以及其他华美的衣饰都不能进献到大王面前。而那些随着流行的式样打扮自己、艳丽窈窕的赵国美女也不能在大王身边侍立了。敲敲瓦罐，打打陶缶，弹弹竹筝，拍拍大腿，扯着嗓子呜呜呀呀地歌唱，用以满足听觉对于音乐的欣赏的，那才是地道的秦国音乐呢。而郑卫桑间濮上之音、舜的《韶虞》、周的《武象》之类，倒统统是外来的音乐呀。如今抛弃敲瓦罐那一套，而去听郑、卫之音，排斥弹筝而吸取舜的《韶虞》，这是为什么呢？无非是为了取乐于当前，满足观赏的需要罢了。当今选取人才却不肯这样做。不问可用与否，不论是非曲直，只要不是秦国人就赶走，凡是外籍人就驱逐。既然如此，就表明看重的是美色、音乐、珠宝、玉石，而看轻的却是人。这决不是用来跨越海内、压服各国诸侯的办法呀。

"我听说，土地辽阔的，粮食就充裕；国家强大的，人民就众多；兵器精良的，士兵就勇敢。因此，泰山不嫌弃微小的土块，就能造成它的高大；河海不排除涓涓细水，就能成就它的深邃；帝王不排斥有才学的人和百姓，就能显示他的美德。因此，地不分东西南北，人不限本土外籍，一年四季，生活丰足美满，连鬼神也会来降福，这正是五帝、三王无敌于天下的根本原因。现在却抛弃百姓来资助敌国，逐斥外籍人而使别国诸侯成就功业，使天下贤士都退回本地而不敢向西，裹足停步不敢入秦。这正是所谓借给敌寇兵器，送给盗贼粮食啊。不出产于秦国而宝贵的东西当然很多，不出生于秦国而愿意效忠的贤士也确实不少。如今驱逐客卿以帮助敌国，减少本国的人口而增加敌国的力量，对内则削弱了自己的力量，对外则结怨于诸侯。这样下去，要想求得国家没有危险，是办不到的。"

秦王于是废除了驱逐客卿的命令，恢复了李斯的官职。

作品赏析

这是李斯在秦王政十年(前237)给秦王嬴政的奏议书。当时，秦的近邻韩国慑于秦国强大，就派郑国(人名)到秦国做细作。郑国利用为秦国开挖渠道、兴修水利来消耗秦的国力，使秦无力伐韩。事情被秦国君臣察觉后，那些由于客卿受到重用而自身权势受到削弱的秦宗室大臣便借机劝说秦王驱逐客卿，李斯也在被逐之列，于是他向秦王写了这封谏书。

本文论述逐客之议的错误，紧紧围绕着逐客"非所以跨海内，制诸侯之术也"这一主题展开。作者由古及今，从物到人，列举事例，大自历代客卿为秦国富强建立殊勋，小至秦王眼前来自诸侯各国的声色玩好，驳斥"必秦国之所生然后可"的谬论，从而得出逐客必将导致"内自虚而外树怨于诸侯"，影响统一天下大业的结论。此文通篇不谈客卿的利益受到损害，而是纯粹从秦国危亡着眼，使秦王看后幡然悔悟，遂收回逐客之令，恢复李斯的官职。

　　本文摆事实、讲道理,着重于正面叙说,略于反面推论。多用对偶及排比句式,铺陈排比,反复论证,极具说服力。

　　《楚辞》是西汉刘向所编的楚地诗体作品的集子,收录了屈原、宋玉和汉代一些作家的辞赋,因为这些辞赋用的是流传在楚地的诗歌体制、语言声韵、特有的意象,所以叫做"楚辞"。

　　《楚辞》受《诗经》的某些影响,如屈原《九章》中的《橘颂》,全诗都用四言句,在隔句的句尾用"兮"字,可认为是《诗经》体式的渗透。但同"楚辞"有直接血缘关系的是南方土生土长的歌谣。以前楚地歌谣仅一鳞半爪地存于历史记载中,只是到了战国中期,屈原等人的一系列作品出现在楚国文坛之后,"楚辞"才成为一种文学样式。

卜 居

《楚辞》

原文

　　屈原既放,三年不得复见。竭智尽忠,而蔽障于谗。心烦虑乱,不知所从。乃往见太卜郑詹尹曰:"余有所疑,愿因先生决之。"詹尹乃端策拂龟曰:"君将何以教之?"屈原曰:"吾宁悃悃(kǔn)款款,朴以忠乎?将送往劳来,斯无穷乎?宁诛锄草茅以力耕乎?将游大人以成名乎?宁正言不讳以危身乎?将从俗富贵以偷生乎?宁超然高举以保真乎?将哫訾(zú zǐ)栗斯,喔咿儒儿,以事妇人乎?宁廉洁正直以自清乎?将突梯滑稽,如脂如韦,以絜楹乎?宁昂昂若千里之驹乎?将泛泛若水中之凫乎,与波上下,偷以全吾躯乎?宁与骐骥亢轭乎?将随驽马之迹乎?宁与黄鹄比翼乎?将与鸡鹜争食乎?此孰吉孰凶?何去何从?世溷浊而不清,蝉翼为重,千钧为轻;黄钟毁弃,瓦釜雷鸣;谗人高张,贤士无名。吁嗟默默兮,谁知吾之廉贞?"

　　詹尹乃释策而谢曰:"夫尺有所短,寸有所长;物有所不足,智有所不

明；数有所不逮，神有所不通。用君之心，行君之意。龟策诚不能知此事！"

译文

　　屈原被放逐以后，一连三年都没机会再见楚怀王。他竭尽忠诚、用尽才智、全心为国，却被小人诽谤。他心烦意乱，不知怎么做才好。于是去见太卜郑詹尹，说道："我有些疑难问题实在想不通，希望依靠您来决断。"郑詹尹摆好蓍草、拂拭龟板，问道："您有何见教？"屈原说："我应该勤勤恳恳、忠贞自守，还是去送往迎来、一味敷衍应酬呢？我应该铲除杂草、努力耕耘，还是去逢迎权贵、博取好名声呢？我应该直言敢谏、使自己获罪，还是为苟且偷生而追随世俗、以求富贵？我应该远离官场、洁身自好以便保持节操，还是为逢迎君王的姬妾而强颜欢笑？我应该清清白白、廉洁正直，还是趋炎附势、圆滑世俗，如油脂那样光滑、兽皮那样柔软？我应该像千里马那样气宇轩昂，还是像那水中鸭子一样为保全自己而随波逐流？我应该跟千里马并驾奔驰，还是步劣马的后尘、安步徐行？我应该跟黄鹄比翼飞翔，还是去同鸡鸭争食糟糠？到底哪一样吉，哪一样凶？我该何去何从？如今的世道浑浊不清，以蝉翼为重，视千钧为轻；黄钟被毁弃，瓦罐儿反倒敲得如雷鸣；谗佞小人居高位，贤士却隐姓埋名。唉！我不说了，谁能知道我的廉洁与忠贞？"

　　郑詹尹听完，就放下龟板和蓍草推辞说道："尺有所短，寸有所长；万物都有不完美之处，智者也有不明事理的时候；占卜有时不济事，神灵有时也难以使正义通达。还是按照您的心愿，去做符合您心意的事吧，蓍草、龟板确实无法判别这些事。"

作品赏析

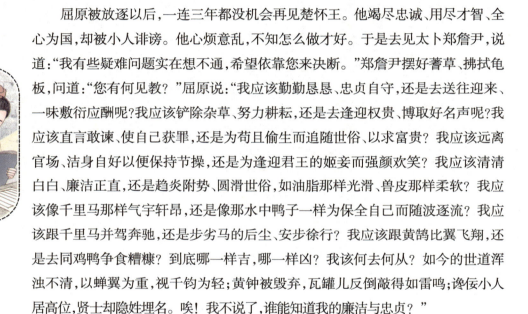

　　本文记述了屈原的一则轶事，关于本文作者，有疑楚人思念屈原所作，但由于构成全文主体的，是屈原自己的言论，故后人往往直指其作者为屈原。屈原（约前340~约前278），战国时楚国人，名平，字原。他学识渊博，初辅佐楚怀王，官至左徒、三闾大夫。主张修明法度、举贤授能、联齐抗秦，后遭楚国贵族势力谗害去职。顷襄王时被放逐至沅湘流域。后因楚国政治腐败，国破地削，既无力挽救，又深感理想难以实现，遂投汩罗江而死。屈原著有《离骚》、《九章》等篇。

本文开篇，描写他被放逐汉北三年后，往见太卜郑詹尹问卜。文中写屈原连设八问，表面上看，诗人似乎犹豫不决，以"宁"、"将"两疑方式，给人以不知所从的印象。其实，诗人的设问，与其说是他对人生道路和处世原则选择上的疑惑，倒不如说是他对吉凶颠倒、清浊混淆的现实的震惊和愤慨，表现了他廉洁正直的品行和不与黑暗现实妥协的战斗精神。全文以屈原问卜的散句开篇，以郑詹尹"释策而谢"答语作结，中间以一连串对立设问的韵语贯穿，往复盘旋，富有气势。这种体式，对汉赋"设为问答，以显己意"的出现，具有极大的启示意义。

宋玉对楚王问

《楚辞》

原文

楚襄王问于宋玉曰："先生其有遗行与？何士民众庶不誉之甚也？"

宋玉对曰："唯，然，有之。愿大王宽其罪，使得毕其辞。客有歌于郢中者，其始曰《下里》、《巴人》，国中属而和者数千人；其为《阳阿》、《薤露》，国中属而和者数百人；其为《阳春》、《白雪》，国中属而和者不过数十人；引商刻羽，杂以流徵，国中属而和者不过数人而已。是其曲弥高，其和弥寡。故鸟有凤而鱼有鲲。凤凰上击九千里，绝云霓，负苍天，足乱浮云，翱翔乎杳冥之上；夫藩篱之鷃，岂能与之料天地之高哉！鲲鱼朝发昆仑之墟，曝鬐(qí)于碣石，暮宿于孟诸；夫尺泽之鲵，岂能与之量江海之大哉！故非独鸟有凤而鱼有鲲也，士亦有之。夫圣人瑰意琦行，超然独处，夫世俗之民，又安知臣之所为哉？"

译文

楚襄王对宋玉问道:"先生可有什么事情做错了吗?不然,为什么士子和庶民都对你有非议呢?"

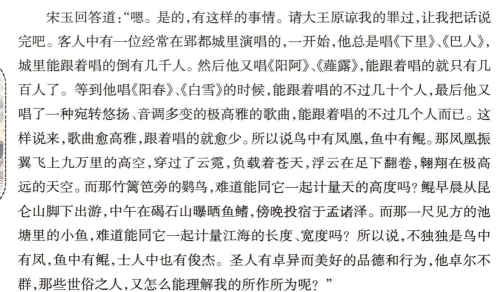

宋玉回答道:"嗯。是的,有这样的事情。请大王原谅我的罪过,让我把话说完吧。客人中有一位经常在郢都城里演唱的,一开始,他总是唱《下里》、《巴人》,城里能跟着唱的倒有几千人。然后他又唱《阳阿》、《薤露》,能跟着唱的就只有几百人了。等到他唱《阳春》、《白雪》的时候,能跟着唱的不过几十个人,最后他又唱了一种宛转悠扬、音调多变的极高雅的歌曲,能跟着唱的不过几个人而已。这样说来,歌曲愈高雅,跟着唱的就愈少。所以说鸟中有凤凰,鱼中有鲲。那凤凰振翼飞上九万里的高空,穿过了云霓,负载着苍天,浮云在足下翻卷,翱翔在极高远的天空。而那竹篱笆旁的鷃鸟,难道能同它一起计量天的高度吗?鲲早晨从昆仑山脚下出游,中午在碣石山曝晒鱼鳍,傍晚投宿于孟诸泽。而那一尺见方的池塘里的小鱼,难道能同它一起计量江海的长度、宽度吗?所以说,不独独是鸟中有凤,鱼中有鲲,士人中也有俊杰。圣人有卓异而美好的品德和行为,他卓尔不群,那些世俗之人,又怎么能理解我的所作所为呢?"

作品赏析

这是一篇明志之作,文章以"对问"的形式表现了宋玉不被人们理解的痛苦和愤慨,反映了他在仕途上的失意潦倒。在写作上,宋玉自称采用了借喻晓理、引譬设喻的方式。文中借用庄子《逍遥游》中的凤与鷃、鲲与鲵的意象对比,从而标榜自己志趣绝俗,行为超群,其所作所为不被芸芸众生理解,并不足怪。文末以"故非鸟有凤而鱼有鲲,士亦有之"点题,以"安知臣之所为哉"作结,气度非凡,既是作者对诽谤者的有力回答,又表现出君子不可与小人同日而语的傲岸气魄。

《史记》是我国文化史上的一座丰碑，是我国第一部纪传体通史，在中国散文史上也有很高的地位。上起传说中的黄帝，下迄汉武帝太初年间，前后约3 000年的历史，包罗万象，融会贯通，脉络清晰，叙事完整，其中对战国、秦、汉的记述尤为详尽。全书包括12本纪、10表、8书、30世家、70列传，共130篇，近53万字。

《史记》取材广泛，忠于史实，许多对古史的记载已为出土文物史料所证实。它语言生动，文笔简洁，饱含情感，在文学史上也有很重要的地位。在史学思想方面，《史记》体现了司马迁"究天人之际，通古今之变，成一家之言"的史学目标。《史记》试图通过史传事迹的方式来思考天人关系，通过对历史的纵横剖析和人物描写来探讨古今治乱兴衰以及人生正道，体现了作者从历史学这个独特角度来思考中国古代文化精神的深刻思想。

五帝本纪赞

《史记》

原文

太史公曰：学者多称五帝，尚矣。然《尚书》独载尧以来，而百家言黄帝，其文不雅驯，荐绅先生难言之。孔子所传《宰予问五帝德》及《帝系姓》，儒者或不传。余尝西至空峒，北过涿鹿，东渐于海，南浮江淮矣，至长老皆各往往称黄帝、尧、舜之处，风教固殊焉，总之不离古文者近是。予观《春秋》、《国语》，其发明《五帝德》、《帝系姓》章矣，顾弟弗深考，其所表见皆不虚。《书》缺有间矣，其轶乃时时见于他说。非好学深思，心知其意，固难为浅见寡闻道也。余并论次，择其言尤雅者，故著为本纪书首。

译文

　　太史公评论道：学者们常谈到五帝，由来已久了。但是《尚书》里只记载尧以后的事，而诸子百家里虽讲到黄帝之事，但他们记述不太正确可信，不足为训，所以士大夫也难以引用。孔子所传的有《宰予问五帝德》和《帝系姓》，汉儒中有的认为他不是圣人之言而不传授。我曾西至崆峒，北到涿鹿，东临渤海，南游江淮。所到之处，老年人都常常各自称说某地是黄帝、唐尧、虞舜活动的地方，但这些地方的风俗教化本来并不相同。总之，以不背离"古文"经传的说法就比较接近史实了。同时，我看《春秋》、《国语》，它们发挥了《五帝德》、《帝系姓》之说，这是很明显的，不过仅仅是因为儒者没有深入地稽考以致湮没不闻而已，其实《五帝德》、《帝系姓》中的记载都不是虚妄的。至于《尚书》这部书，早就残缺不全了，因此，它散失的文字往往见于其他书中。如果不是好学深思、通晓古书主旨的人，本来是很难对那些见识肤浅、孤陋寡闻的人讲的。因此，我将古书中的有关五帝的材料综合起来确定了编次，选择其中最正确的说法写成《五帝本纪》作为全书的第一篇。

作品赏析

　　本篇为《史记》的第一篇《五帝本纪》的最后一段，以说明"本纪"的史料来源和作者见解。这种类似于评论的"赞"的形式为司马迁首创，并为后世史书所沿用。这篇赞语历述有关五帝——黄帝、颛顼、帝喾、尧、舜的记载、传说之紊乱、缺漏情况，表明整理五帝史迹的必要性，反映出司马迁著史的求实精神。全文行文层次清晰，疏密有致。

高祖功臣侯年表

《史记》

原文

太史公曰：古者人臣，功有五品，以德立宗庙、定社稷曰勋，以言曰劳，用力曰功，明其等曰伐，积日曰阅。封爵之誓曰："使河如带，泰山若厉，国以永宁，爰及苗裔。"始未尝不欲固其根本，而枝叶稍陵夷衰微也。

余读高祖侯功臣，察其首封，所以失之者，曰：异哉所闻！《书》曰"协和万国"，迁于夏、商，或数千岁。盖周封八百，幽、厉之后，见于《春秋》。《尚书》有唐、虞之侯伯，历三代千有余载，自全以蕃卫天子，岂非笃于仁义，奉上法哉？汉兴，功臣受封者百有余人。天下初定，故大城名都散亡，户口可得而数者十二三，是以大侯不过万家，小者五六百户。后数世，民咸归乡里，户益息，萧、曹、绛、灌之属或至四万，小侯自倍，富厚如之。子孙骄溢，忘其先，淫嬖(bì)。至太初，百年之间，见侯五，余皆坐法陨命亡国，耗矣。罔亦少密焉，然皆身无兢兢于当世之禁云。

居今之世，志古之道，所以自镜也，未必尽同。帝王者，各殊礼而异务，要以成功为统纪，岂可绲(gǔn)乎？观所以得尊宠及所以废辱，亦当世得失之林也，何必旧闻？于是谨其终始，表见其文，颇有所不尽本末，著其明，疑者阙之。后有君子，欲推而列之，得以览焉。

译文

　　太史公说：古时候，臣子们的功劳分为五等，凭仁德来设立宗庙、安邦定国的，称为勋；凭出谋划策立功的，称为劳；凭武力立功的，称为功；使功劳等级明确的，称为伐；依靠资历的，称为阅。封列侯时的誓词是："即使黄河变成衣带似的水流，泰山变成小磨刀石，封国也会永远安宁，子孙后代也会永远继承封爵。"大概当初封侯立国的目的，未尝不是为巩固它的根本，但到后来，它的枝叶却逐渐颓败衰弱了。

　　我研读了高祖封功臣的历史资料，又审察了封废的原因，就说道：这同我所听到的大不相同啊！《尚书·尧典》说"使万国的诸侯亲睦协调"，从尧到夏、商时代，有的传了几千年，而没有什么变动。周朝所封的共有八百诸侯，幽王、厉王之后八百诸侯的后代还见于《春秋》的记载。《尚书》上记载着唐尧、虞舜时所封的侯、伯，这些封侯经历了夏、商、周三代，差不多过了一千多年，还能保住自己的封爵，护卫着天子，这难道不是因为他们看重仁义、奉行天子制定的法规吗？汉朝建立以后，受封的功臣有一百多人。当时，天下刚刚安定下来，大城名都里的百姓大都逃亡在外，能统计起来的户口只占十分之二三，因此大的诸侯也不超过一万封户，小的诸侯就只有五六百户。几代以后，百姓都陆续返回本土，户口日益增多，萧何、曹参、周勃、灌婴这班人的封邑，有的达到四万封户，小的封侯也比初封时的户数增加了一倍，他们财富的增加也是如此。他们的子孙却因此骄奢起来，忘掉了祖先的艰难，专做淫邪之事。自汉初年间到汉武帝太初年间，过了还不到一百年，保持侯爵的却只有五个了，其余的都因犯法而丧命亡国，全都完了！诚然，当今的法网也略比从前严了一些，可是他们自己对当今的禁令也太不小心了吧。

　　处在当今的时代，要记住古时候的道理，以此作为借鉴，当然，古今不一定完全相同。帝王各有不同的礼法、政略，但总归是要求得成功，怎么能要求他们完全一样呢？观察人臣得到尊宠和遭受废辱的原因，就可以看到当代政治的得失了，何必一定要看过去的传闻呢？于是我就谨慎地记载他们经历事件的始末，以表格的形式列出文字记载，但其中也有一些不能详尽地记下来，只记述了那些清楚可考的材料,有疑问的就空缺。后代倘有君子要进一步加以研究,也可以参照此表。

作品赏析

汉初时,跟随汉高祖刘邦征战的功臣中,有一百多人被封为侯。这篇年表便是记载这些功臣的经历和他们后代情况的。司马迁在序中指出,这些受封赏的功臣及其后代之所以最终落得被诛或被废黜的结果,其原因一方面是汉代法网日益严密;另一方面则是由于这些功臣的后代日益骄奢淫逸、无视国法。而后者是更为主要和直接的原因。

秦楚之际月表

《史记》

原文

太史公读秦楚之际,曰:初作难,发于陈涉;虐戾灭秦,自项氏;拨乱诛暴、平定海内、卒践帝祚,成于汉家。五年之间,号令三嬗(shàn),自生民以来,未始有受命若斯之亟也。

昔虞、夏之兴,积善累功数十年,德洽百姓,摄行政事,考之于天,然后在位。汤、武之王,乃由契、后稷修仁行义十余世,不期而会孟津八百诸侯,犹以为未可,其后乃放弑。秦起襄公,章于文、缪、献、孝之后,稍以蚕食六国,百有余载,至始皇乃能并冠带之伦。以德若彼,用力如此,盖一统若斯之难也。

秦既称帝,患兵革不休,以有诸侯也,于是无尺土之封,堕坏名城,销锋镝(dí),锄豪杰,维万世之安。然王迹之兴,起于闾巷,合从讨伐,轶于三

代，乡秦之禁，**适足以资贤者为驱除难耳。故愤发其所为天下雄，安在无土不王？此乃传之所谓大圣乎？岂非天哉，岂非天哉！非大圣孰能当此受命而帝者乎！**

译文

太史公读了秦楚之际的历史材料，说道：起初起义的是陈涉；用武力手段灭掉强秦的是项羽；治平乱世、诛除恶人，平定海内，最后称帝的是汉高祖。五年之中，号令天下的人依次更换了三个，自从有了人类以来，君主受天命，从来没有这么急促的。

从前，虞舜、夏禹兴起的时候，积了几十年的功德，把恩德普遍地施及百姓，代替上天管理政事，还要听从天意，然后才登帝位。商汤、周武王之所以能得天下，由来更加长久，从契和后稷开始，十几代奉行仁义，方才成功。武王时，想要伐纣，因未预先约定而会于孟津的诸侯竟然有八百多人，他们还认为时机未到。直到后来条件成熟了，他们才分别放逐夏桀，杀了纣王。秦朝的基业是从襄公开始的，到了文公、穆公时代才名声大振。献公、孝公以后，方才渐渐蚕食各诸侯国，又隔了百余年，到了秦始皇时，才兼并了六国诸侯。凭恩德使天下归附，就要像虞、夏、商、周那样做；用武力征服天下，就要像秦之诸公这样做。原来统一天下这样艰难啊！

秦始皇称帝以后，担心战乱不能停止，并且认为这是诸侯存在的缘故。于是对功臣没有封赏土地，而是拆毁名城，销毁兵器，铲除豪杰，想以此求得万世帝业的安定。可是，王业又偏偏兴起于民间，各路义军联合起来，讨伐暴虐的秦朝，其声势之大超过了夏、商、周三代，而从前秦朝的种种禁令，恰恰帮助贤人扫除了灭掉秦朝的困难。因此，刘邦发奋有为而成就了天下英雄的大业，怎么能说没有封地就不能成皇帝呢？这就是典籍上所说的大圣人吧？这难道不是天意吗！这难道不是天意吗！如果不是圣人，怎么能处在这样的乱世而受天命成就帝业呢？

作品赏析

　　《史记》中共有表十篇，"表"是司马迁在《史记》中独创的一种史书体例，即以表格的形式编撰某一时期的史实。本文为第四篇的序言。"秦楚之际"指秦二世在位时期和项羽统治时期。这一时期时间虽短，但大小事件繁多，所以按月来记述，称为"月表"。在这篇序言中，作者对秦楚之际这段特殊的历史时期作了概括，即陈涉起义、项羽灭秦及刘邦称帝，且政权的三次更迭是在短短的五年中完成的。回顾了历史上一些贤君统一天下的艰难历程，对于秦楚之际"号令三嬗"而刘邦最终称帝的原因作了分析。

管晏列传

《史记》

原文

　　管仲夷吾者，颍上人也。少时常与鲍叔牙游，鲍叔知其贤。管仲贫困，常欺鲍叔，鲍叔终善遇之，不以为言。已而鲍叔事齐公子小白，管仲事公子纠。及小白立为桓公，公子纠死，管仲囚焉。鲍叔遂进管仲。管仲既用，任政于齐，齐桓公以霸，九合诸侯，一匡天下，管仲之谋也。

　　管仲曰："吾始困时，尝与鲍叔贾，分财利多自与，鲍叔不以我为贪，知我贫也。吾尝为鲍叔谋事而更穷困，鲍叔不以我为愚，知时有利不利也。吾尝三仕三见逐于君，鲍叔不以我为不肖，知我不遭时也。吾尝三战三走，鲍叔不以我为怯，知我有老母也。公子纠败，召忽死之，吾幽囚受辱，鲍叔不以我为无耻，知我不羞小节而耻功名不显于天下也。生我者父母，知我者鲍子也！"

　　鲍叔既进管仲，以身下之。子孙世禄于齐有封邑者十余世，常为名大

古文观止
GUWEN GUANZHI

夫。天下不多管仲之贤而多鲍叔能知人也。

管仲既任政相齐，以区区之齐在海滨，通货积财，富国强兵，与俗同好恶。故其称曰："仓廪实而知礼节，衣食足而知荣辱，上服度则六亲固。""四维不张，国乃灭亡。""下令如流水之源，令顺民心。"故论卑而易行。俗之所欲，因而与之；俗之所否，因而去之。

其为政也，善因祸而为福，转败而为功。贵轻重，慎权衡。桓公实怒少姬，南袭蔡，管仲因而伐楚，责包茅不入贡于周室。桓公实北征山戎，而管仲因而令燕修召公之政。于柯之会，桓公欲背曹沫之约，管仲因而信之，诸侯由是归齐。故曰："知与之为取，政之宝也。"

管仲富拟于公室，有三归、反坫（diàn），齐人不以为侈。管仲卒，齐国遵其政，常强于诸侯。

后百余年而有晏子焉。

晏平仲婴者，莱之夷维人也。事齐灵公、庄公、景公，以节俭力行重于齐。既相齐，食不重肉，妾不衣帛。其在朝，君语及之，即危言；语不及之，即危行。国有道，即顺命；无道，即衡命。以此三世显名于诸侯。

越石父贤，在缧绁中。晏子出，遭之途。解左骖（cān）赎之，载归。弗谢，入闺，久之。越石父请绝。晏子戄（jué）然，摄衣冠谢曰："婴虽不仁，免子于厄，何子求绝之速也？"石父曰："不然。吾闻吾子诎于不知己而信于知己者。方吾在缧绁中，彼不知我也。夫子既已感寤而赎我，是知己；知己而无礼，固不如在缧绁之中。"晏子于是延入为上客。

晏子为齐相，出，其御之妻从门间而窥其夫。其夫为相御，拥大盖，策驷马，意气扬扬，甚自得也。既而归，其妻请去。夫问其故，妻曰："晏子长不满六尺，身相齐国，名显诸侯。今者妾观其出，志念深矣，常有以自下者。今子长八尺，乃为人仆御，然子之意自以为足，妾是以求去也。"其后夫自抑损。晏子怪而问之，御以实对。晏子荐以为大夫。

太史公曰：吾读管氏《牧民》、《山高》、《乘马》、《轻重》、《九府》及《晏子春秋》，详哉其言之也。既见其著书，欲观其行事，故次其传。至其书，世

多有之,是以不论,论其轶事。

管仲,世所谓贤臣,然孔子小之,岂以为周道衰微,桓公既贤,而不勉之至王,乃称霸哉?语曰:"将顺其美,匡救其恶,故上下能相亲也。"岂管仲之谓乎?

方晏子伏庄公尸哭之,成礼然后去,岂所谓"见义不为无勇"者邪?至其谏说,犯君之颜,此所谓"进思尽忠,退思补过"者哉!假令晏子而在,余虽为之执鞭,所欣慕焉。

译文

管仲,名叫夷吾,是颍上人。他年轻时经常和鲍叔牙交往,鲍叔牙认为他是个有才干的人。那时管仲家境贫寒,经常占鲍叔牙的便宜,而鲍叔牙却始终对他很好,并不因此说他的坏话。后来,鲍叔牙侍奉齐国的公子小白,管仲侍奉公子纠。等到小白被立为齐桓公之后,公子纠被杀,管仲也因此成为阶下囚。鲍叔牙就向桓公推荐管仲。管仲被任用,在齐国掌管政务,桓公因此成了霸主,曾九次会合诸侯,一度平定天下,这都是管仲的计策。

管仲说:"我当初贫困时,曾经同鲍叔牙一起做生意,分钱财时,总是多分给自己一些,而鲍叔牙却并不认为我贪财,因为他知道我家里穷。我曾经为鲍叔牙谋划事情,结果使他更加困窘,而鲍叔牙却并不认为我愚笨,因为他知道时运有顺利和不顺利的时候。我曾经三次做官又三次被国君罢免,而鲍叔牙却并不认为我没出息,因为他知道我没遇到恰当的时机。我曾经三次参加战斗又三次逃跑,而鲍叔牙却并不认为我怯懦,因为他知道我家里有老母需要奉养。公子纠失败后,召忽为之殉难,我却坐了囚车甘受屈辱,而鲍叔牙却并不认为我没有羞耻之心,因为他知道我不为小节而感到羞耻,而以不能扬名天下为耻辱。生养我的是父母,真正了解我的是鲍叔牙啊。"

鲍叔牙推荐管仲担任齐相以后,自己情愿位居管仲之下。他的子孙世代享受齐国的俸禄,享有封地的有十几代,而且常常是有名的大夫。因此,天下的人并不称赞管仲有才干，反而称赞鲍叔牙能够识别人才。

　　管仲担任齐相以后，凭借着齐国地处海滨的优势，流通货物，积聚财富，富国强兵，处理事情能同老百姓的想法一致。因此，他在著作中说："仓库储备充实了，老百姓才能懂得礼节；衣食丰足了，老百姓就能分辨荣辱；国君如果能遵守法度，亲族就会安定和睦。""礼义廉耻这四项原则不能发扬，国家就要灭亡。""政令要像流水的源头，使它顺从民心。"所以道理浅显，容易实行。老百姓所需要的，就应该给予他们；老百姓认为不好的，就要顺应民意废除。

　　管仲执政的时候，善于将灾祸转化为好事，使失败转化为成功。分清事情的轻重缓急，慎重地权衡利害得失。齐桓公因怨恨少姬而南下攻打蔡国，而管仲却趁机去攻打楚国，责备楚国不向周王室进贡包茅。齐桓公向北出兵攻打山戎，而管仲却趁机责令燕国整顿召公时的政令。齐桓公在柯地与鲁国会盟，后来又想背弃与曹沫的盟约，而管仲却趁机劝桓公履行盟约以示信于天下，因此诸侯都归附齐国。所以说："要认识到给予就是为了更好地索取的道理，这是治理国家的法宝。"

　　管仲的财富可以同国君相比，他大量收取市租，有三座供游览的高台，堂上放置酒杯，可是齐国人并不认为他奢侈。管仲死后，齐国国君继续推行他的政令，一直比别的诸侯国强大。

　　此后又过了百余年，齐国又出了个晏子。

　　晏平仲，名婴，是齐国莱地夷维人。他侍奉灵公、庄公、景公三代，凭着他的节省俭朴、努力做事为齐人所敬重。他做了齐相以后，吃饭时桌上没有两道荤菜，他的妾不穿绸缎衣服。在上朝时，国君有话问他，就直言相告；没有话问他，他就公正行事。国君有道，他就服从命令；国君无道，他就权衡利弊斟酌办理。因此，他能历仕灵公、庄公、景公三代，名扬诸侯。

　　齐国有个越石父，是个贤能的人，他因犯罪而被囚禁。晏子外出，在路上遇到了他，晏子就解开车子左边的马为他赎罪，载着他回家。晏子没有向越石父告辞，就走进内室去了。过了好久还没出来，越石父要求同他绝交。晏子大吃一惊，急忙整理好衣冠出来道歉，说："我虽然不见得仁厚，但是我把您从困厄中解救出来了，您为什么这么快就要求同我绝交呢？"越石父说："话不是这样说。我听说君子在不了解自己的人那里会受委屈,但在知己那里却会受到尊敬。当我被囚禁时,那些人不了解我。您既然了解我,并肯赎我出来,这就是我的知己了;知己待我无礼,那我还不如被囚禁呢!"于是晏子就请他进去,待为上宾。

晏子做齐相时,有一天坐车外出。车夫的妻子从门缝儿里偷看。只见她的丈夫给齐相驾车,坐在车上的大伞盖下,挥鞭赶着驾车的四匹马,神气十足,得意扬扬。不久,车夫回到家里,妻子就要求离去。车夫问她离去的原因,妻子说:"晏子身高不满六尺,却做了齐国的宰相,名扬诸侯。今天我看他外出,思虑深远,总是态度谦和。而你身高八尺,竟给人家当车夫,可是你反倒很满足,因此我要求离去。"从此以后,车夫便格外检点自己的言行。晏子发觉了他的变化,觉得很奇怪,便问他,车夫如实相告。晏子称赞他能接受意见,便推荐他做了大夫。

太史公评说道:我读了管仲的《牧民》《山高》《乘马》《轻重》《九府》,又读了《晏子春秋》,书中对他们的言行记载得很详细。读了他们的著作后,又想观察他们的所作所为,于是就编写了他们的传记。至于他们的著作,世上多能看到,所以不再论及,只记载他们的轶事。

管仲是世人所说的有才干的贤臣,可是孔子却小看他。难道是因为周朝王道衰微,齐桓公虽然是一个贤君,而管仲并没有勉励他推行王道,却辅佐他成了霸主吗?常言说:"顺应君主的美德,匡正君主的过失,就能使君民相亲。"难道说的就是管仲吗?

当初(齐庄公被崔杼杀害)晏子伏在齐庄公的尸体上大哭,尽了君臣之礼就离开了,难道就是所说的"遇见坚持正义的机会却袖手旁观,就是没有勇气"的人吗?至于他的进谏,敢于冒犯君主的威严,这就是人们所说的"上朝就想尽忠心,退朝就想弥补过失"的人啊!假使晏子还活着,即使替他执鞭赶车,也是我所高兴和向往的事。

作品赏析

本篇是管仲、晏婴两人的合传。管仲(?~前645)与晏婴(?~前500)都是春秋时著名的政治家,司马迁之所以将管、晏二人列入合传,一方面是因为二人均

为齐国的名臣，另一方面是因为二人都有知人善用的故事。司马迁通过管仲与鲍叔牙、晏婴与越石父之间交往过程中的一些小事，来展现人物性格的某一侧面，并突出这些小事对人物一生功业以至国家命运的影响。作者在赞美二人美德的同时，实际上也是对自己不遇"解骖赎罪"的知己的慨叹。

酷吏列传序

《史记》

原文

孔子曰："道之以政，齐之以刑，民免而无耻。道之以德，齐之以礼，有耻且格。"老氏称："上德不德，是以有德；下德不失德，是以无德。""法令滋章，盗贼多有。"太史公曰：信哉是言也！法令者治之具，而非制治清浊之源也。昔天下之网尝密矣，然奸伪萌起，其极也，上下相遁，至于不振。当是之时，吏治若救火扬沸，非武健严酷，恶能胜其任而愉快乎？言道德者，溺其职矣。故曰："听讼，吾犹人也，必也使无讼乎。""下士闻道大笑之"，非虚言也。汉兴，破觚而为圆，斫雕而为朴，网漏于吞舟之鱼，而吏治烝烝，不至于奸，黎民艾安。由是观之，在彼不在此。

译文

孔子说："凭借政令来建立王道，凭借刑法来建立规范，这仅能使百姓免于罪过，并不能使他们认为做坏事可耻。如果用道德来教导他们，用礼义来统一他们的行动，就能使百姓不但耻于作恶，而且行为规矩。"老子说："德行最高的人不自以为有德，因此他便有德了；德行低下的人自以为有德，因此他就没有真正的道德。"又说："法令愈是繁多严酷，盗贼反而愈多。"我认为孔子、老子的这些话真正确啊！法令是治理国家的工具,治国须有法令,但它不是政治清平或混乱的决定因素。强秦时代,法网不是很严密吗！可是犯法作乱的事照样发生,当法令严酷到极点的时候,官吏躲避君主,百姓躲避官吏,唯恐触犯法律,致使国家丧败,不可收拾。那时候,官吏就只能治末,不能治本,就像是负薪救火、扬汤止沸,无补于事,若不是勇猛刚强严酷的人,怎能挑起这副重担而又令人满意地完成任务呢？ 这样,讲究道德的人当然就无法尽职了。所以说:"倘若让我审理讼案,我同一般人也差不多,然而我一定要立政施德,杜绝讼案的发生。""愚蠢的士人,听人说起道德,便认为它迂腐可笑。"这些都不是假话。汉朝初年,修改尖锐酷苛的刑法使之简约宽缓,铲除巧诈奸伪的恶俗使之返朴归真,法网宽大,甚至可以漏掉吞舟之鱼,而当时官吏治事的成绩反倒很大,没有发生奸邪的事情,老百姓也太平无事。由此看来,治理国家在于用道德,不在于严酷行为。

作品赏析

　　本篇为《史记·酷吏列传》的序言。酷吏,指执法严酷而残害臣民的官吏。《酷吏列传》记述了汉初十名酷吏的言行,其中九人为汉武帝时的官吏,与司马迁为同时代人,他们多受到武帝的信任。作者写《酷吏列传》在一定程度上是针砭时弊,在揭露酷吏的残暴行为的同时,也反映出作者反对严刑峻法的思想。序言用孔子、老子的言论,通过秦末与汉初两个时期的吏治情况的对比,来论证自己的观点,逻辑性强,极富说服力。

游侠列传序

《史记》

原文

　　韩子曰:"儒以文乱法,而侠以武犯禁。"二者皆讥,而学士多称于世

云。至如以术取宰相、卿、大夫，辅翼其世主，功名俱著于《春秋》，固无可言者。及若季次、原宪，闾巷人也，读书怀独行君子之德，义不苟合当世，当世亦笑之。故季次、原宪终身空室蓬户，褐衣疏食不厌。死而已四百余年，而弟子志之不倦。今游侠，其行虽不轨于正义，然其言必信，其行必果，已诺必诚，不爱其躯，赴士之厄困，既已存亡死生矣，而不矜其能，羞伐其德，盖亦有足多者焉。

且缓急，人之所时有也。太史公曰：昔者虞舜窘于井廪(lǐn)，伊尹负于鼎俎，傅说匿于傅险，吕尚困于棘津，夷吾桎梏，百里饭牛，仲尼畏匡，菜色陈、蔡。此皆学士所谓有道仁人也，犹然遭此灾，况以中材而涉乱世之末流乎？其遇害何可胜道哉！

鄙人有言曰："何知仁义，已飨其利者为有德。"故伯夷丑周，饿死首阳山，而文、武不以其故贬王；跖(zhí)、跷暴戾，其徒诵义无穷。由此观之，"窃钩者诛，窃国者侯，侯之门，仁义存"，非虚言也。

今拘学或抱咫尺之义，久孤于世，岂若卑论侪俗，与世浮沉而取荣名哉！而布衣之徒，设取予然诺，千里诵义，为死不顾世，此亦有所长，非苟而已也。故士穷窘(jiǒng)而得委命，此岂非人之所谓贤豪间者邪？诚使乡曲之侠，予季次、原宪比权量力，效功于当世，不同日而论矣。要以功见言信，侠客之义又曷可少哉！

古布衣之侠，靡得而闻已。近世延陵、孟尝、春申、平原、信陵之徒，皆因王者亲属，藉于有土卿相之富厚，招天下贤者，显名诸侯，不可谓不贤者矣。比如顺风而呼，声非加疾，其势激也。至如闾巷之侠，修行砥名，声施于天下，莫不称贤，是为难耳。然儒、墨皆排摈不载。自秦以前，匹夫之侠，湮灭不见，余甚恨之。以余所闻，汉兴有朱家、田仲、王公、剧孟、郭解之徒，虽时扞当世之文罔，然其私义廉洁退让，有足称者。名不虚立，士不虚附。至如朋党宗强比周，设财役贫，豪暴侵凌孤弱，恣欲自快，游侠亦丑之。余悲世俗不察其意，而猥以朱家、郭解等令与暴豪之徒同类而共笑之也。

译文

　　韩非子说："儒生用文字来扰乱国家法度，侠客凭借武力来触犯国家的禁令。"这两种人虽然都受到韩非子的讥讽，但大多数儒生还是受世人称道的。至于有些凭借权术取得了高官厚禄、辅佐当世的君王、功名都载入史册的人，那就更不必多说了。如季次、原宪，都是居于民间未曾出仕的人，他们一心读书，谨守着独善其身不随波逐流的君子美德，坚持正义，不肯随随便便地与世俗同流合污，当时的人总是讥笑他们迂拙。因此，季次、原宪终生住破屋，连粗布衣服和粗劣饭食都不得满足。可是，到现在他们已经死去四百多年了，儒生们仍旧怀念他们，这也就算是成名了。而现在的游侠，行为虽然不符合国家的法令，但是他们言必信，行必果，承诺的事必定竭尽全力去做，为解救别人的急难而奔走，不惜牺牲自己的生命。他们扶危济困，但又不因此而声扬自己的能耐，羞于夸耀自己的功德。这种人恐怕也有值得称颂的地方吧！

　　况且急难之事是人们时常会遇到的。太史公说："从前虞舜在修仓、挖井过程中险些丧命；伊尹背着锅和砧板做厨子；傅说曾隐没于傅险地方筑墙；吕尚困居于棘津；管仲曾被囚禁；百里奚给人喂过牛；孔子受匡人威胁，在陈蔡两国交界的地方饿得面如菜色。他们都是儒生所说的有道德的仁人，还要遭受这样的苦难，何况那些生逢乱世末期的中等人才呢？他们所遭受的祸患又怎么能说得完呢！

　　乡下人有句口头禅："管什么仁义不仁义，得到谁的好处，谁就是仁人。"所以，伯夷认为周朝灭殷可耻，饿死在首阳山，而文王、武王并不因为伯夷不满而放弃自己的王位；盗跖、庄跻残暴凶狠，但他们的党徒却认为他们讲义气。由此可见，"偷一只钩子的小贼被处死，窃国大盗反而成为侯，只要成了诸侯，仁义就在他的门下了"，这并不是假话啊。

　　如今拘泥于教条的儒生，保守着区区一点道义，长久地孤立于世俗之外，他们还不如降低自己的论调，与世俗为伍，随波逐流，去谋取功名呢。而平民中的游侠，慎重对待财物的取舍和承诺了的事情，即使相隔千里，为了义气赴汤蹈火也在所不辞,他们不顾世俗的议论,这也是他们的长处,不是随便就能做到的。所以,人们遇到穷困窘迫的时候,肯把身家性命交托给他们,这难道不是人们所说的世间少有的豪杰之士吗?如果拿乡里游侠同季次、原宪比较地位、权力以及对当时社会的实际贡献,是不能相提并论的。总之,要是以做事一定取得成功、讲话必定守信为标准来衡量游侠的话,他们的侠义行为又怎能轻视呢?

古代民间的游侠,他们的事迹已无从得知了。至于近世的延陵吴季札、孟尝君、春申君、平原君、信陵君等人,都倚仗自己是国君的亲属,凭借着封地和卿相的地位而富有,他们借此招纳天下的贤士,而扬名于诸侯,固然不能说他们不是贤者。这正像顺风呼喊,声音本身并没有加大,而是因为那声音随着风势的激荡自然就能传到远方。而民间的侠客全靠修养自身砥砺品行,培养声名,使名声得以传扬天下,没有人不称赞他们的贤能,这才是难能可贵的啊。可是儒、墨两家都排斥游侠,不肯记载。因此,秦以前的游侠都湮没不闻了,我对此深感遗憾。据我所知,汉朝建立之后,有朱家、田仲、王公、剧孟、郭解这些人,他们虽然经常触犯当世国家的法令,可是他们个人的道德品格是那么廉洁谦让,很值得称道。他们的名声并不是凭空取得的,一般人也不是凭空地依附他们。至于那些结党营私的豪强,他们狼狈为奸,搜刮财富,奴役穷人,欺侮孤弱,放纵私欲,只顾自身的快乐,游侠对这些人也深为憎恶。我深感痛心的是一般人不了解侠客的思想,随便地把朱家、郭解等与那些豪强恶霸看做同类而加以讥笑。

🔲 作品赏析

本文为《史记·游侠列传》的序言。我国古代的官修史,一般都记录帝王将相的事迹言行,而一些平民义士的德行往往湮没不传。《游侠列传》这篇极具平民性的传文,就是专门记述游侠事迹的。这些游侠虽出身于社会下层,但他们"振人不赡"、"振人之命"、"言必信"、"行必果"、"不爱其躯",可谓是一群讲信义、救危难、除暴安良的英雄好汉。游侠虽然受到深受凌辱压迫的人民的称颂,但由于他们往往违犯当时的法令,而为封建统治者所反对,亦为儒、墨、法三家所轻视,更为史官所不齿。但司马迁却力排众议，热情地歌颂他们的高尚品格，以文王、武王和王者亲属以及独善其身的儒者季次、原宪作为陪衬，在阐明游侠高尚可贵品行的同时，分别给予他们公允的评价。

贾谊(前200～前168)，洛阳(今河南洛阳东)人，世称贾太傅、贾长沙、贾生。西汉初期的政论家、文学家。贾谊的童年和少年时期基本上生活在一个和平稳定的环境之中，他的生活也基本上是以读书习文为主。18岁时，他便以能诵诗书擅写文章而闻名于郡中，公元前180年，汉文帝刘恒即位。由河南郡守吴公推荐，20余岁的贾谊被文帝召为博士。不到一年又破格提为太中大夫。后来贾谊力主改革，遭群臣忌恨，被贬为长沙王的太傅，后被召回长安，为梁怀王太傅。梁怀王坠马而死后，贾谊自伤无状，忧愤而死，终年33岁。贾谊一生短暂，但著述颇丰，有《新书》十卷。

过秦论（上）

贾 谊

原文

秦孝公据殽函之固，拥雍州之地，君臣固守，以窥周室，有席卷天下、包举宇内、囊括四海之意，并吞八荒之心。当是时也，商君佐之，内立法度，务耕织，修守战之具，外连衡而斗诸侯。于是秦人拱手而取西河之外。

孝公既没，惠文、武、昭蒙故业，因遗策，南取汉中，西举巴蜀，东割膏腴之地，收要害之郡。诸侯恐惧，会盟而谋弱秦。不爱珍器、重宝、肥饶之地，以致天下之士，合从缔交，相与为一。当此之时，齐有孟尝，赵有平原，楚有春申，魏有信陵。此四君者，皆明智而忠信，宽厚而爱人，尊贤而重士，约从离横，兼韩、魏、燕、赵、宋、卫、中山之众。于是六国之士，有宁越、

徐尚、苏秦、杜赫之属为之谋，齐明、周最、陈轸、召滑、楼缓、翟景、苏厉、乐毅之徒通其意，吴起、孙膑、带佗、倪良、王廖、田忌、廉颇、赵奢之伦制其兵。尝以十倍之地，百万之众，叩关而攻秦。秦人开关而延敌，九国之师遁逃而不敢进。秦无亡矢遗镞之费，而天下诸侯已困矣。于是从散约解，争割地而赂秦。秦有余力而制其弊，追亡逐北，伏尸百万，流血漂橹。因利乘便，宰割天下，分裂河山。强国请服，弱国入朝。

施及孝文王、庄襄王，享国之日浅，国家无事。及至始皇，奋六世之余烈，振长策而御宇内，吞二周而亡诸侯，履至尊而制六合，执敲扑以鞭笞天下，威振四海。南取百越之地，以为桂林、象郡。百越之君，俯首系颈，委命下吏。乃使蒙恬北筑长城而守藩篱，却匈奴七百余里，胡人不敢南下而牧马，士不敢弯弓而报怨。

于是废先王之道，燔百家之言，以愚黔首。隳名城，杀豪俊，收天下之兵，聚之咸阳，销锋镝，铸以为金人十二，以弱天下之民。然后践华为城，因河为池；据亿丈之城，临不测之溪以为固。良将劲弩，守要害之处。信臣精卒，陈利兵而谁何。天下已定，始皇之心，自以为关中之固，金城千里，子孙帝王万世之业也。

始皇既没，余威震于殊俗。然而陈涉，瓮（wèng）牖绳枢之子，氓隶之人，而迁徙之徒也。材能不及中庸，非有仲尼、墨翟之贤，陶朱、猗顿之富，蹑足行伍之间，俛起阡陌之中，率罢弊之卒，将数百之众，转而攻秦。斩木为兵，揭竿为旗，天下云集而响应，赢粮而景从，山东豪俊遂并起而亡秦族矣。

且夫天下非小弱也，雍州之地，殽函之固，自若也。陈涉之位，不尊于齐、楚、燕、赵、韩、魏、宋、卫、中山之君也；锄櫌棘矜，不铦（xiān）于钩、戟、长铩也；谪戍之众，非抗于九国之师也；深谋远虑，行军用兵之道，非及曩（nǎng）时之士也。然而成败异变，功业相反。试使山东之国，与陈涉度长絜大，比权量力，则不可同年而语矣。然秦以区区之地，致万乘之权，招八州而朝同列，百有余年矣。然后以六合为家，殽函为宫。一夫作难而七庙隳，身死

人手，为天下笑者，何也？仁义不施，而攻守之势异也。

译文

　　秦孝公凭借崤山、函谷关的险要地势，占据着雍州的土地，君臣牢固地把守，暗中窥探想夺取周王朝的政权。大有席卷天下、包举宇内、囊括四海的壮志和吞并天下的雄心。在这时候，商鞅辅佐秦孝公，对内建立法律制度，致力于发展农耕和纺织，修造攻守的器械，对外联络各国的诸侯，挑拨他们互相争斗。于是秦国人就轻而易举地取得了魏国在西河以外的大片领土。

　　秦孝公死后，惠文王、武王、昭襄王继承了前王的大业，沿袭先人留下的政策，向南攻取了汉中，向西夺取了巴蜀，向东割取了肥沃的土地，攻占了重要的州郡。各国诸侯因此都惊惶恐惧，他们集会结盟，想办法削弱秦国。不惜用珍宝和富饶的土地，来招纳天下的人才，采用合纵的策略缔结盟约，互相配合行动，结成一个整体。在这时候，齐国有孟尝君，赵国有平原君，楚国有春申君，魏国有信陵君。这四位公子，都明智、忠贞而讲信用，宽厚而仁爱，尊敬贤者，重用士人。他们相约联合抗秦，瓦解秦的连横策略，联合了韩、魏、燕、楚、齐、赵、宋、卫、中山等九国的军队。在这时，六国的士人中，有宁越、徐尚、苏秦、杜赫这一班才智之士替他们出谋划策；有齐明、周最、陈轸、召滑、楼缓、翟景、苏厉、乐毅这一帮人为他们搞外交联络；有吴起、孙膑、带佗、倪良、王廖、田忌、廉颇、赵奢这一批人为他们统率军队。诸侯们曾以十倍于秦国的土地，上百万的军队，攻打函谷关，并进击秦国。秦国人开关迎击敌人，九国的军队四处逃跑，不敢进攻。秦国没有耗费一支箭矢，而天下的诸侯却已经困顿不堪了。于是合纵拆散了，盟约瓦解了，诸侯们争着割让土地贿赂秦国。而秦国有充裕的力量利用诸侯的弱点去追逐败逃的敌人，战场上横尸百万，流的血能浮起盾牌来。秦国凭借有利的形势，不断割取诸侯的国土，瓜分诸侯的山河。因而强国请求臣服，弱国入秦朝拜。

　　等到秦孝文王、庄襄王时，他们在位时间短，国家没有发生什么大事。等到秦始皇即位，他发展六世传下来的功业，挥动长鞭控制天下，并吞了东周西周，

消灭了各诸侯国,登上了皇帝的尊位,统治全国,并以严刑峻法来奴役人民,威震四海。他向南夺取了百越的土地,设立了桂林郡、象郡;百越的国君都低着头并把绳索套在脖子上表示归附,听命于秦朝下级官吏。秦始皇派遣蒙恬到北方修筑长城,以守卫边疆,使匈奴退却了七百多里,匈奴人不敢向南来放马,士兵也不敢张弓来复仇。

于是秦始皇废除了先王的治国之道,烧毁了诸子百家的书籍,以使老百姓愚昧无知。他毁坏名城,杀戮六国的杰出人物,收集天下的兵器,聚集在咸阳,熔化了兵器铸成十二个金属人像,以削弱天下人民的反抗力量。然后,他以华山为城垣,以黄河为护城河,据守万丈高的华山,下临深不可测的河谷,以此为坚固的防守工事。派优秀的将领,用强劲的弓弩,守卫着重要之地;用忠实的臣子、精锐的部队,炫耀着锋利的兵器,盘问来往行人。当时,天下已经安定,照秦始皇的想法,自以为关中险固,如同千里的铜墙铁壁,是子子孙孙世代称帝称王的万世基业了。

秦始皇死后,他的余威在风俗不同的边远地区仍有威慑力量。可是,陈涉只是个贫苦人家的子弟,他家里穷得用破瓮当窗户,用绳子拴门轴,给别人当雇工,而且是个被征去戍边的人。他的才能赶不上普通人,并非具有孔子、墨翟那样的智慧,也没有陶朱、猗顿那样富有。他出身于行伍之中,崛起于草莽之中,带领着疲惫的士卒,统率着几百个人,掉转矛头向秦王朝进攻。他们砍伐树木当武器,举起竹竿当旗帜。天下的人就像浓云似的聚拢在一起,如同回声一样地应和着,自带着口粮如影随形地跟着他。于是函谷关以东的英雄豪杰一起行动起来,把秦朝推翻了。

可当时秦朝的天下既没有缩小也没有减弱,雍州的肥沃土地,崤山、函谷关的险固,依然如故。而且陈涉的地位,并不比齐、楚、燕、赵、韩、魏、宋、卫、中山的国君尊贵;锄把木棍并不比钩戟长矛锋利;被征发戍边的人们,并不比九国的军队强大;深谋远虑,指挥军队的本领,也不及先前的那些能人。虽然如此,可是成败却大不相同,功业也完全相反。如果以六国与陈涉比较优长短缺、力量大小,简直不能相提并论了。然而秦国凭借原来小小的一片区域,竟能得到皇帝的权柄,平定了其他八州,使本来跟秦国地位相同的诸侯国都来朝拜,持续了一百多

年。然后以天下为家，以崤山、函谷关为内宫。可是一个平民发难，秦王朝的宗庙就被毁掉，皇帝自己也死在别人手里，成为天下人的笑柄，这是什么原因呢？就是因为皇帝不施行仁义，而攻守的形势发生了变化啊。

作品赏析

本文对比效应极为强烈。诸侯各国联合力量大大超过秦国，结果是秦国灭掉各诸侯国；诸侯各国人才大大优于陈涉，力量也大大超过陈涉，结果是秦灭诸侯各国而陈涉亡秦。这些结果似乎违背常规，却是根植于史实，由之推导出秦国因"仁义不施，而攻守之势异也"灭亡的结论。

晁错（前200～前154），颍川（今河南禹州）人，西汉文景时期著名的政论家。被太子刘启尊为"智囊"。刘启即位之后，晁错升为内史，不久又迁为御史大夫。针对景帝时期诸侯割据、危及中央的情况，他主张削夺同姓诸侯王的封地，达到巩固中央集权的目的。景帝最终采纳了他的建议，并且削夺吴王濞的封地。最后晁错终因树敌过多，引火烧身，被景帝错杀。

晁错的文学成就主要集中在政治散文上，代表作：《论贵粟疏》、《言兵事书》、《说景帝前削藩书》等。

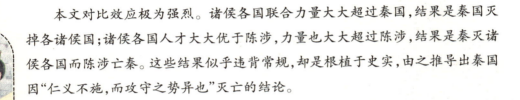

论贵粟疏

晁 错

　　圣王在上而民不冻饥者，非能耕而食之、织而衣之也，为开其资财之

道也。故尧、禹有九年之水，汤有七年之旱，而国无捐瘠者，以畜积多而备先具也。今海内为一，土地人民之众不避禹、汤，加以亡天灾数年之水旱，而畜积未及者，何也？地有余利，民有余力，生谷之土未尽垦，山泽之利未尽出也，游食之民未尽归农也。民贫则奸邪生。贫生于不足，不足生于不农，不农则不地著，不地著则离乡轻家。民如鸟兽，虽有高城深池，严法重刑，犹不能禁也。夫寒之于衣，不待轻暖；饥之于食，不待甘旨；饥寒至身，不顾廉耻。人情，一日不再食则饥，终岁不制衣则寒。夫腹饥不得食，肤寒不得衣，虽慈母不能保其子，君安能以有其民哉？明主知其然也，故务民于农桑，薄赋敛，广畜积，以实仓廪，备水旱，故民可得而有也。

民者，在上所以牧之。趋利如水走下，四方无择也。夫珠玉金银，饥不可食，寒不可衣，然而众贵之者，以上用之故也。其为物轻微易藏，在于把握，可以周海内而无饥寒之患。此令臣轻背其主，而民易去其乡，盗贼有所劝，亡逃者得轻资也。粟米布帛，生于地，长于时，聚于力，非可一日成也。数石之重，中人弗胜，不为奸邪所利。一日弗得而饥寒至。是故明君贵五谷而贱金玉。

今农夫五口之家，其服役者不下二人，其能耕者不过百亩，百亩之收不过百石。春耕，夏耘，秋获，冬藏。伐薪樵，治官府，给徭役。春不得避风尘，夏不得避暑热，秋不得避阴雨，冬不得避寒冻，四时之间，无日休息。又私自送往迎来，吊死问疾，养孤长幼在其中。勤苦如此，尚复被水旱之灾，急政暴虐，赋敛不时，朝令而暮改。当其有者，半贾而卖，亡者取倍称之息。于是有卖田宅、鬻(yù)子孙以偿债者矣。而商贾大者积贮倍息，小者坐列贩卖，操其奇赢，日游都市，乘上之急，所卖必倍。故其男不耕耘，女不蚕织，衣必文采，食必粱肉，无农夫之苦，有阡陌之得。因其富厚，交通王侯，力过吏势，以利相倾，千里游遨，冠盖相望，乘坚策肥，履丝曳缟。此商人所以兼并农人，农人所以流亡者也。今法律贱商人，商人已富贵矣；尊农夫，农夫已贫贱矣。故俗之所贵，主之所贱也；吏之所卑，法之所尊也。上下相反，好恶乖迕，而欲国富法立，不可得也。

方今之务，莫若使民务农而已矣。欲民务农，在于贵粟，贵粟之道，在于使民以粟为赏罚。今募天下入粟县官，得以拜爵，得以除罪。如此，富人有爵，农民有钱，粟有所渫。夫能入粟以受爵，皆有余者也。取于有余以供上用，则贫民之赋可损，所谓损有余，补不足，令出而民利者也。顺于民心，所补者三：一曰主用足，二曰民赋少，三曰劝农功。今令民有车骑马一匹者，复卒三人。车骑者，天下武备也，故为复卒。神农之教曰："有石城十仞，汤池百步，带甲百万，而亡粟，弗能守也。"以是观之，粟者，王者大用，政之本务。令民入粟受爵，至五大夫以上，乃复一人耳，此其与骑马之功相去远矣。爵者，上之所擅，出于口而无穷；粟者，民之所种，生于地而不乏。夫得高爵与免罪，人之所甚欲也。使天下人入粟于边，以受爵免罪，不过三岁，塞下之粟必多矣。

译文

圣明的君王在位，百姓不会挨饿受冻，这并不是因为君王能亲自种出粮食给他们吃，亲自织布给他们做衣服穿，而是因为他给人民开辟了获取财富的道路。所以，尽管尧帝、禹帝的时候有过九年的水灾，商汤时也有过七年的旱灾，但那时却没有流离失所和面黄肌瘦的人，这是因为贮存的粮食多，早作好了准备。现在四海统一，土地之大，人口之多，不亚于禹、汤的时候，又没有连年的水旱灾害，然而粮食积蓄却赶不上禹、汤之时，这是什么原因呢？这是因为土地还有余利没开发，老百姓还有余力没发挥，生长粮食的土地还未完全开垦，山林湖沼的资源还未完全开发，外出游荡的人还未全部回乡务农。人们贫困的时候，就会产生邪恶的念头。贫困产生于物质不富足，物质不富足产生于不耕作，不耕作就不能定居于一处，不能定居就会离开乡土，轻视家园。百姓像鸟兽一样随处求食，这样的话，国家即使有高高的城墙、深深的护城河、严厉的法令、残酷的刑罚，仍然不能禁止他们去做坏事。要知道，冷的时候，人们不会等到有了轻暖的皮衣才穿；饥饿时，也不会等到有了美味才吃；人在饥寒交迫时，也就顾不得什么廉耻了。按人的实际情况说，一天不吃两顿饭就会饿，整年不做衣服穿就会受冻。那么，肚子饿了没有饭吃，身上冷了没有衣穿，即使是慈母也不能保有其子女，国君又怎能保有他的百姓呢？贤明的君王懂得这个道理，所以鼓励老百姓从事农业生产，减轻他们的赋税，大量地贮备粮食，来充实仓库，防备水旱灾害，因此也就能够拥有百姓。

对于老百姓，要看统治者用什么方法管理他们，他们追逐利益就像水往低处流一样，对东西南北是没什么选择的。珠玉金银这些东西，饿了不能当饭吃，冷了不能当衣穿，可是人们还是看重它，这是因为皇上需要用它的缘故啊。珠玉金银这些物品，分量轻又容易收藏，拿在手里，可以周游全国，而没有饥寒的威胁。这就会使臣子轻易地背叛他的君主，人民随便离开他的家乡，盗贼受到了鼓励，犯法逃亡的人有了便于携带的财物。粟米和布帛的原料产于大地，在一定的季节里长成，收获也需要一定的人力，不是短时间里可以长成的。几担重的粮食，一般人扛不动它，这不是奸诈邪恶的人所贪图的。可是这些东西一天得不着就要挨饿受冻。因此，贤明的君王重视五谷而轻视金玉。

现在农夫中的五口之家，家里服劳役的不少于两人，能够耕种的土地不超过百亩，百亩的收成不会超过百担。他们春天耕地，夏天耘田，秋天收获，冬天收藏，还要砍木柴、修理官府的房屋、应付各种官差。春天不能避风尘，夏天不能避暑热，秋天不能避阴雨，冬天不能避寒冻。一年四季没有一天休息。在私人方面，又要交际往来，吊唁死者，探望病人，赡养孤老，养育幼童，一切费用都要从这里头开支。农民们这样辛苦，还要遭受水旱灾害，官府又横征暴敛，随时摊派，早晨发命令，晚上就得上缴。有粮食的农民只好按半价卖掉来缴纳，没有粮食的农民就得以加倍的利息借债缴纳。于是就出现了卖土地房屋、卖子孙来还债的事情。而那些商人，大的囤积货物，追求加倍的利息，小的开店卖货，牟取利润，每天都在集市上游逛，把握朝廷急需物资的机会，把所卖的货物成倍地抬高价格。所以商人家里男的不必耕地耘田，女的不必养蚕织布，穿的必定是华美的衣服，吃的是上等黄米和鱼肉。他们没有农夫的劳苦，却享有农家桑蚕的收获。凭借自己的财富，与王侯结交，势力超过官吏，利用钱财互相倾轧，他们周游各地，一路上高冠大盖，彼此相望，他们乘着坚固的车子，骑着肥壮的马，穿着丝鞋，披着绢制的

长衣。这就是商人兼并农民的土地、农民流亡在外的原因。如今的法律虽然轻视商人，但商人实际上已经富贵了；虽然尊重农民，农民实际上已经贫贱了。所以一般俗人所看重的，正是国君所轻贱的；一般官吏所鄙视的，正是法律所尊重的。上下相反，好恶颠倒，在这种情况下，却想要国家富裕，法制生效，那是办不到的。

当今的迫切任务，没有比使百姓务农更重要的了。而要想使老百姓从事农业，关键在于重视粮食。重视粮食的方法，在于让老百姓用粮食来求赏免罚。现在号召全国的老百姓把粮食交给政府，交粮就可以得到封爵，就能免除罪责。这样，富人可以得到爵位，农民可以得到钱财，而粮食就可以流通。能交粮食得到爵位的，都是些吃用有余的人。从有余粮的人那里取得粮食来供给朝廷需要，那么贫民的赋税就可以减轻，这就是所谓"减少有多余的，补充不够的"，法令一颁布，老百姓就能得到好处。它符合了人民的心愿，有三种好处：第一，国君的用度充足了；第二，百姓的赋税减少了；第三，鼓励百姓从事农业生产。现行法令规定，老百姓中出战马一匹的，就可以免除他家三个人的兵役。因为战马是国家所必需的战备物资，所以可以免除兵役。相传神农氏教导说："有十仞高的石砌城墙，流着热水的百步宽的护城河，一百万全副武装的兵士，可是没有粮食，也是守不住的。"这样看来，粮食是治国的重要物资，是政务的基础。现在让老百姓纳粮买爵，封到五大夫以上，才免除一人的兵役，这同献给国家战马的贡献相比差得太远了。因此，国家这样做是很合算的。封爵是皇上专有的权力，只要皇帝一开口，就可以无穷尽地封给爵位；粮食，是农民种出来的，生长在土地上而不会缺乏。得到高爵并能免除罪责，是人们十分渴望的事情。假如让全国的人献粮给边境，以此来换取爵位和免罪，过了几年，边塞地区的粮食必定会多起来。

作品赏析

这篇奏疏，写于公元前168年。西汉王朝建立后，社会满目疮痍，统治阶级采取了发展生产、与民休息的一系列措施，促进了农业的发展和商业的繁荣，但同时也产生因商业发展而导致谷贱伤农的情况。到文帝时，这种情况日益严重，已经把农民逼上"卖田宅、鬻子孙"的道路。对此，晁错及时提出了"贵粟"的主张。在论述重视粮食生产重要性的同时，又具体制订了减轻田赋、入粟可以拜爵除罪等实施办法，体现了他重农抑商、重本轻末的经济思想。文章文笔犀利，分析透彻，逻辑严整，极具说服力。

诸葛亮(181~234)，字孔明，号卧龙(也作伏龙)，琅琊阳都(今山东临沂市沂南县)人，蜀汉丞相，三国时期杰出的政治家、战略家、发明家、军事家。在世时被封为武乡侯，谥曰忠武侯；后来的东晋政权推崇其军事才能，特追封他为武兴王。

诸葛亮是中国历史上的全才，文韬武略，德才兼备，在文学史上的贡献也极大，杜甫曾在古诗《蜀相》中称颂诸葛亮："出师一表真名世，千载谁堪伯仲间。"足见其旷古至今的文学成就。其代表作有《前出师表》、《后出师表》、《诫子书》等。

前出师表

诸葛亮

原文

　　臣亮言：先帝创业未半而中道崩殂。今天下三分，益州疲敝，此诚危急存亡之秋也。然侍卫之臣不懈于内、忠志之士忘身于外者，盖追先帝之殊遇，欲报之于陛下也。诚宜开张圣听，以光先帝遗德，恢弘志士之气。不宜妄自菲薄，引喻失义，以塞忠谏之路也。宫中府中，俱为一体，陟罚臧否，不宜异同。若有作奸犯科及为忠善者，宜付有司，论其刑赏，以昭陛下平明之治；不宜偏私，使内外异法也。

侍中、侍郎郭攸之、费祎、董允等，此皆良实，志虑忠纯，是以先帝简拔以遗陛下。愚以为宫中之事，事无大小，悉以咨之，然后施行，必能裨补阙漏，有所广益。将军向宠，性行淑均，晓畅军事，试用于昔日，先帝称之曰能，是以众议举宠以为督。愚以为营中之事，事无大小，悉以咨之，必能使行阵和睦，优劣得所。亲贤臣，远小人，此先汉所以兴隆也；亲小人，远贤臣，此后汉所以倾颓也。先帝在时，每与臣论此事，未尝不叹息痛恨于桓、灵也。侍中、尚书、长史、参军，此悉贞亮死节之臣也。愿陛下亲之信之，则汉室之隆，可计日而待也。

臣本布衣，躬耕于南阳，苟全性命于乱世，不求闻达于诸侯。先帝不以臣卑鄙，猥自枉屈，三顾臣于草庐之中，咨臣以当世之事，由是感激，遂许先帝以驱驰。后值倾覆，受任于败军之际，奉命于危难之间，尔来二十有一年矣。先帝知臣谨慎，故临崩寄臣以大事也。受命以来，夙夜忧叹，恐托付不效，以伤先帝之明。故五月渡泸，深入不毛。今南方已定，兵甲已足，当奖帅三军，北定中原，庶竭驽钝，攘除奸凶，兴复汉室，还于旧都。此臣之所以报先帝，而忠陛下之职分也。至于斟酌损益，进尽忠言，则攸之、祎、允之任也。

愿陛下托臣以讨贼兴复之效，不效，则治臣之罪，以告先帝之灵。若无兴德之言，则责攸之、祎、允之慢，以彰其咎。陛下亦宜自谋，以咨诹善道，察纳雅言，深追先帝遗诏，臣不胜受恩感激。今当远离，临表涕泣，不知所云。

译文

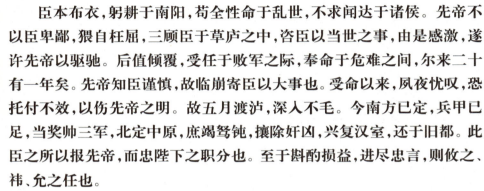

臣诸葛亮奏言：先帝开创大业不到一半就中途去世了。现在天下形成三国鼎立的局面，而益州地方困乏，正处于生死存亡的紧要关头。尽管如此，侍卫大臣仍然在朝内不懈地供职，忠心耿耿的官员还是在朝廷外忘我地为国作战，这都是因为他们追念先帝特殊的恩遇，要在陛下身上报恩啊。陛下的确应该广开言路，以便发扬光大先帝留下的美德，激励有志之士的斗志，而不应该妄自菲薄，言谈违背道义，以致堵塞了群臣忠心进谏的道路。皇宫中的侍臣和府中各部门的官员，是一个整体，对他们的升迁、处罚、表扬、批评，不应标准不一。如有违法乱纪的，或是尽忠为善的，都应该交给主管官员确定对他们的奖惩，以此来表明陛下处理问题的公正严明，不应该因私心而有所偏袒，使宫内和宫外执法标准不一样。

　　侍中、侍郎郭攸之、费祎、董允等，都是贤良诚实的人，心志忠贞纯洁，因此先帝才选拔出来交给陛下。我认为宫里的事，不论大小，都拿来征求他们的意见，然后再去做，那一定能够弥补过失或疏漏，得到更多的好处。将军向宠，品性善良公正，熟悉军事，从前曾试用过，先帝称赞他能干，因此大家商量推荐他任中部督。我认为军营中的事，不论大小，都可以征求他的意见，必定能使军队内部和睦融洽，不论能力高低都能各得其所。亲近贤臣，疏远小人，这就是前汉兴旺发达的原因；亲近小人，疏远贤臣，这就是后汉衰败的原因。先帝在世时，每次跟我谈论到这些事，对桓、灵二帝总是感到痛心遗憾。侍中郭攸之、费祎，尚书陈震，长史张裔，参军蒋琬都是坚贞诚实、能够以死报国的忠臣。希望陛下亲近他们，信任他们，这样，蜀汉的兴旺发达就指日可待了。

　　我本是个穿布衣的处士，在南阳耕田种地，只想在乱世里苟且保全性命，并不想在诸侯中求得显达。先帝不把我当卑贱鄙陋的人看待，亲自枉驾屈临，三次到草庐中来看望我，向我询问对于当时天下大事的意见，因此，我十分感激，于是就答应为先帝奔走效劳。后来遇到军事失利，我在兵败的时候接受了委任，在危难的关头奉命出使东吴，从那时到现在已经二十一年了。先帝知道我做事谨慎，所以在临终时把兴复汉室的大事托付给我。我自从接受命令以来，日夜忧虑叹息，唯恐做不好先帝托付的事情，以至于损伤先帝的知人之明。所以在五月里统率大军渡过泸水，深入不毛之地。如今南方已经平定，军事器材已经准备充足，应该激励三军的斗志，率领他们北征平定中原，我愿竭尽全力，除掉奸诈凶恶的敌人，重新振兴汉朝，迁回旧都洛阳。这就是我用来报答先帝、对陛下尽忠的职责。至于权衡政事的得失利弊，多向陛下进献忠言，那是郭攸之、费祎、董允的职责。

　　希望陛下把讨伐逆贼、兴复汉室的任务委派给我，假如不见成效，就对我予以惩罚，以告慰先帝在天之灵。若没有帮助陛下发扬圣德的忠言，那就

应责备郭攸之、费祎、董允等人，公布他们的过失。陛下也要自己多加考虑，
向大臣征询治国的好策略，明察并采纳正确的意见，深记先帝遗诏中的话。
我深受先帝的恩德，感激不尽。如今就要远离陛下，边写奏章边流泪，不知说
了些什么。

作品赏析

  建兴五年（227），诸葛亮率军进驻汉中。临行时，上表给后主刘禅，这就是
《前出师表》。诸葛亮此次出兵，未能成功，当时蜀国官吏中颇有微辞，于是在建
兴六年（228）冬，他又再次上表，分析当时形势，说明偏处蜀地一隅，坐而待亡，
还不如争取主动出师北伐，这就是下面的《后出师表》。从此频频出征，直至建兴
十二年（234）秋，病没于军中。

  《前出师表》出自《三国志·蜀书》本传，主题是劝勉后主要继承先帝的遗愿，
保持蜀中政治的清明，广开言路，听信忠言，任用贤良，励志振奋；使他能专心致
力于北伐大业，以免除后顾之忧。公元223年，刘备病笃时把国家大事托付给诸
葛亮，并对刘禅说："汝与丞相从事，事之如父。"由于诸葛亮身为父辈，处于肩负
托孤之责的特殊地位，他所上的表文不同于一般的奏章，既是臣下对君主，又是
长辈对晚辈，故写来措辞婉转，言辞恳切。表中对刘禅，规劝其莫为的，实是已为
的；鼓励其当做的，实是未做的。细品此文，含蕴无穷。全文叙述委婉，行文晓畅，
文字质朴无华，是章表中的突出代表作。

 **后出师表**

诸葛亮

原文

  先帝虑汉、贼不两立，王业不偏安，故托臣以讨贼也。以先帝之明，量

臣之才,固知臣伐贼,才弱敌强也。然不伐贼,王业亦亡,惟坐而待亡,孰与伐之?是故托臣而弗疑也。臣受命之日,寝不安席,食不甘味,思惟北征,宜先入南。故五月渡泸,深入不毛,并日而食。臣非不自惜也,顾王业不可得偏安于蜀都,故冒危难,以奉先帝之遗意也,而议者谓为非计。今贼适疲于西,又务于东,兵法乘劳,此进趋之时也。谨陈其事如左:

高帝明并日月,谋臣渊深,然涉险被创,危然后安。今陛下未及高帝,谋臣不如良、平,而欲以长策取胜,坐定天下,此臣之未解一也。刘繇(yáo)、王朗各据州郡,论安言计,动引圣人,群疑满腹,众难塞胸,今岁不战,明年不征,使孙策坐大,遂并江东,此臣之未解二也。曹操智计,殊绝于人,其用兵也,仿佛孙、吴,然困于南阳,险于乌巢,危于祁连,逼于黎阳,几败北山,殆死潼关,然后伪定一时尔。况臣才弱,而欲以不危而定之,此臣之未解三也。曹操五攻昌霸不下,四越巢湖不成,任用李服而李服图之,委任夏侯而夏侯败亡。先帝每称操为能,犹有此失,况臣驽下,何能必胜?此臣之未解四也。自臣到汉中,中间期年耳,然丧赵云、阳群、马玉、阎芝、丁立、白寿、刘郃、邓铜等及曲长、屯将七十余人,突将、无前、賨(cóng)叟、青羌、散骑、武骑一千余人,此皆数十年之内所纠合四方之精锐,非一州之所有;若复数年,则损三分之二也。当何以图敌?此臣之未解五也。今民穷兵疲,而事不可息。事不可息,则住与行劳费正等,而不及今图之,欲以一州之地,与贼持久,此臣之未解六也。

夫难平者,事也。昔先帝败军于楚,当此时,曹操拊手,谓天下已定。然后先帝东连吴越,西取巴蜀,举兵北征,夏侯授首,此操之失计,而汉事将成也。然后吴更违盟,关羽毁败,秭归蹉跌,曹丕称帝。凡事如是,难可逆见。臣鞠躬尽力,死而后已,至于成败利钝,非臣之明所能逆睹也。

译文

先帝想到蜀汉和逆贼势不可并存,帝王之业不能偏居于一隅而自安,所以

把讨伐逆贼的任务委托给我。凭着先帝的明察来估量我的才干,当然会知道敌人力量强大而我是难以担负讨伐逆贼的重任的;但如果不去讨贼,帝王之业就会衰亡,坐以待毙,怎么能与主动讨伐逆贼相比呢?因此,先帝就毫不犹豫地把这一重任交给了臣下。我在接受这一任务时,寝不安席,食不甘味,唯恐做不好先帝托付的事情。当时,我考虑要北伐,一定要先南下平叛,以扫除后顾之忧。所以在五月里率军渡过泸水,深入不毛之地,这次出兵相当艰苦,两天只能吃上一天的饭。我并不是不知爱惜自己,但是要建帝王之业就不能偏安于蜀都,所以就不顾危难来遵奉先帝的遗志,可是某些好空谈的人竟然认为这是一个错误的计划。当前,逆贼在西线遭重创,又在东线吃败仗,按兵法说,要乘敌疲困之际进击,而现在正是出兵的有利时机,谨陈此事如下:

  汉高祖的英明可以同日月的光辉相比,谋臣的智谋又很渊深,可是仍难免于历险、受伤,而后才转危为安,平定天下。如今陛下之英明不及高祖,谋臣的智慧不如张良、陈平,却想从长计议,暂不出师北伐,安坐而平定天下,这是我不能理解的第一件事。刘繇、王朗各自据守州郡,论安危,谈计策,动不动就引用圣人之言,形形色色的疑虑装满肚子,各式各样的困难填塞胸间,什么今岁不能战,明年不能征,结果使孙策的势力安安稳稳地发展壮大,就把江东吞并了,这是我不能理解的第二件事。曹操的智谋的确是超群绝伦,他用兵有如孙膑、吴起,可是他仍然屡遭挫败:在南阳被围、在乌巢历险、在祁连遇难、在黎阳受逼、在北山险些失败、差一点死在潼关,后来才表面上安定一时。而我是个才力薄弱的人,反倒企图不冒风险而平定天下,这能行吗?这是我不理解的第三件事。曹操五次攻昌霸而不克,四次渡巢湖而不成,任用李服而李服反倒暗算他,委任夏侯氏而夏侯氏败亡。先帝常常称曹操是能人,可是他仍有这些失误,何况我才能低下,哪能必胜呢?这是我不理解的第四件事。从我到汉中时算起,不过相隔一年而已,可是已损失了赵云、阳群、马玉、阎芝、丁立、白寿、刘郃、邓铜以及部曲长、屯将七十余人,还丧失了突将、无前、賓叟、青羌、散骑、武骑一千余人。这都是在数十年中聚集起来的各地的精锐,不是在一个州中能选拔出来的。照此看来,若再过几年，就会折损三分之二的人马，还靠什么对付敌人呢？这是我不能理解的第五件事。目前，百姓穷困，士卒疲惫，但战争仍不能止息，既然如此，坐等失败与主动出击二者相比，人力物力的损失是一样的，而我们不趁机早日出征，却打算凭借一州的土地与曹贼长期相持，这是我不能理解的第六件事。

事情的发展变化是难以判断的。当初，先帝在楚地失利，曹操拍手大笑，以为天下大势已成定局。可是，先帝随即东联孙吴，西取巴蜀，出师北征，杀掉夏侯，这时正是曹操失策而汉室复兴之事即将成功的有利时机。而后来孙吴又背弃盟约，关羽被害，先帝在秭归失利，曹丕自立称帝。凡事皆如此，很难预料。我只有鞠躬尽瘁，死而方休，至于以后事情的成败好坏，就不是靠我的才智所能事先预见的了。

作品赏析

《三国志·蜀书》本传里仅载有一篇《前出师表》，至于《后出师表》，则见于《三国志》本传裴松之的注文。裴氏说："此表，亮集所无；出张俨《默记》。"后来梁昭明太子萧统的《文选》里只选录《前出师表》，后人或有怀疑它是伪作的；但据《三国志·吴书·诸葛恪传》记载：亮兄瑾之子诸葛恪曾经看见过他叔父的这篇《后出师表》，看来伪作之说是不可靠的。

诸葛亮一生，志在恢复中原，重兴汉室，从隆中对策到病死渭滨的二十八年中，他对刘备以及后主竭尽忠志，有时近乎是明知不可为而为之；那种"鞠躬尽瘁，死而后已"的感人的忠贞气节，凛然与日月争光，为千古所传颂。

《后出师表》的主题是为了说明蜀汉和曹魏势力悬殊，处于敌强我弱的局势，不但是为了奉行先主的遗志，即便为了维护蜀国的安全，也应该抓住战机出师北伐，希望后主不要受当时非议者的影响而动摇意志。

卷四 六朝唐文

李密(224~287)字令伯,一名虔,犍为武阳(今四川彭山)人。西晋文学家、政治家。曾任蜀汉尚书郎,后仕西晋。李密从小境遇坎坷,出生六个月时父亲就去世了,四岁时舅父又强迫母亲何氏改嫁。他是在祖母刘氏的抚养下长大成人的。李密以孝敬祖母而闻名,据《晋书·李密传》记载:"刘氏有疾,则涕泣侧息,未尝解衣,饮膳汤药,必先尝后进。"

李密以文学见长,其代表作《陈情表》,以侍亲孝顺之心感人肺腑,一直被后世传颂为孝道的典范,影响深远。文中的一些词句如"急于星火"、"日薄西山,气息奄奄"、"人命危浅,朝不虑夕"等,直至今天人们还经常引用。

陈情表

李 密

原文

臣密言:臣以险衅,夙遭闵凶。生孩六月,慈父见背;行年四岁,舅夺母志。祖母刘,愍臣孤弱,躬亲抚养。臣少多疾病,九岁不行,零丁孤苦,至于成立。既无叔伯,终鲜兄弟。门衰祚薄,晚有儿息。外无期功强近之亲,内无应门五尺之童。茕茕子立,形影相吊。而刘夙婴疾病,常在床蓐,臣侍汤药，未尝废离。

　　逮奉圣朝，沐浴清化。前太守臣逵，察臣孝廉；后刺史臣荣，举臣秀才。臣以供养无主，辞不赴命。诏书特下，拜臣郎中。寻蒙国恩，除臣洗马。猥以微贱，当侍东宫，非臣陨首所能上报。臣具以表闻，辞不就职。诏书切峻，责臣逋慢。郡县逼迫，催臣上道。州司临门，急于星火。臣欲奉诏奔驰，则以刘病日笃；欲苟顺私情，则告诉不许。臣之进退，实为狼狈。

　　伏惟圣朝以孝治天下。凡在故老，犹蒙矜育，况臣孤苦，特为尤甚。且臣少事伪朝，历职郎署，本图宦达，不矜名节。今臣亡国贱俘，至微至陋。过蒙拔擢，宠命优渥(wò)，岂敢盘桓，有所希冀？但以刘日薄西山，气息奄奄，人命危浅，朝不虑夕。臣无祖母，无以至今日；祖母无臣，无以终余年。母孙二人，更相为命。是以区区不能废远。臣密今年四十有四，祖母刘今年九十有六，是臣尽节于陛下之日长，报刘之日短也。乌鸟私情，愿乞终养。

　　臣之辛苦，非独蜀之人士及二州牧伯所见明知，皇天后土，实所共鉴。愿陛下矜愍愚诚，听臣微志。庶刘侥幸，卒保余年。臣生当陨首，死当结草。臣不胜犬马怖惧之情，谨拜表以闻。

译文

　　臣李密禀奏：臣因为命运多舛，多灾多难，幼时便连遭不幸。出生刚六个月，父亲便去世；四岁那年，舅舅强迫母亲放弃了守节的志向而改嫁。祖母刘氏可怜我年幼孤单，亲自抚养我。我小时常常生病，九岁的时候还不大会走路，始终孤苦伶仃，一直到长大成人。我既没有叔父伯父，也没有哥哥弟弟。门户衰落，福气稀薄，自己也是年龄很大才有儿孙。在外缺少比较亲密的亲友，家里连个看守门户的童仆也没有。孤孤单单，只有影子相伴左右。而祖母刘氏又长年疾病缠身，卧床不起，我侍奉她饮食服药，从来没有离开过。

到了圣明的朝代，臣才能沐浴在清明的教化之中。先前有郡太守逵考察并推举我做孝廉；以后，益州刺史荣又选拔我为秀才。我因为祖母无人赡养，推辞而没有从命。朝廷特发布诏书，授我郎中之职，接着我又蒙受朝廷恩遇，做了太子洗马。让我这样一个卑贱的人去担任东宫太子的侍从，这样的恩典，是我捐躯也难以报答的。我统统写成表章奏闻，辞谢不去就职。诏书急切严厉，责备我逃避朝廷的差使；郡县长官又一再逼迫，催促我上路；州官登门敦促，紧急犹如星火。我想接受诏命离家赴任，而祖母刘氏的病情又日益严重；我想要暂且迁就个人的私情，则朝廷官府对我的恳请又不予允诺。我进退两难，十分狼狈。

我想圣明的晋朝是以孝来治理天下的，凡是年老的人，都会受到朝廷的怜恤和照顾，何况我祖孙孤苦相依的情况，应该受到特别照顾。我年轻的时候在伪朝做官，供职于郎中官署，本来就希望仕途显达，并不矜持名声节操。现在我是败亡之国的低贱俘虏，身份卑贱，而受到朝廷提拔，恩惠的任命非常优厚，哪里还敢迟疑徘徊、有更高的追求呢？只是因为祖母刘氏日落西山，已经是奄奄一息，朝夕难保了。我如果没有祖母的抚育，是难以有今日的成就的；祖母如果离开了我的奉养，也就无法度完她的余年。我祖孙二人，相依为命，因此我是实在不能抛开祖母离家远行。臣李密今年四十四岁，祖母刘氏今年九十六岁，因此，我为陛下尽忠效力的日子还很长久，而奉养祖母的日子却已很少了。故此我用这种乌鸦反哺的私心，来乞求陛下准许我为祖母养老送终。

我的辛酸劳苦，不仅蜀地人士以及梁、益二州长官耳闻目睹，十分了解，而且天地神灵也会明察的。恳请陛下怜恤我的一片愚诚，满足我这小小的心愿，使祖母刘氏可以侥幸安度晚年。我活着将把生命奉献给陛下，死后也要结草图报。臣内心怀着难以承受的惶恐的心情，特地写成奏章奉闻圣上。

作品赏析

本文写于晋武帝泰始三年（267）。晋灭蜀后，武帝广纳贤才，欲招李密为太子洗马，对于新朝的征召是否应命，显然是一个十分敏感的政治问题，弄不好随时都可能以抗命而身遭不测。从当时"诏书峻切，责臣逋慢；郡县逼迫，催臣上

道;州司临门,急于星火"的情况来看,又大有欲加之罪的凶险。李密以祖母年迈不忍弃为借口推之。全文由陈述孤苦的身世遭遇入手,揭示出当时所面临奉亲和应召进退两难的处境,阐明祖孙二人相依为命的特殊关系,最终点明难以赴召的原因,并恳请武帝恩准。

该篇文辞恳切,字里行间流露着真情实感,读来感人肺腑,发人深省,得到了历代论者的击节称赏。

王羲之(321~379),东晋书法家,字逸少,号澹斋,琅琊临沂(今山东临沂)人,后居会稽山阴(今浙江绍兴)。累官至会稽内史,领右将军,人称"王右军"、"王会稽"。其子王献之书法亦佳,世人合称为"二王"。

王羲之书作楷、行、草、隶、八分、飞白、章草俱入神妙之境,成为后世崇拜的名家和学习的楷模。其作品以行书《兰亭集序》、草书《初月帖》、正书《黄庭经》、《乐毅论》最为著名。《兰亭集序》更被宋代米芾称之为"天下第一行书"。

小百科 / XiaoBaiKe

《左传·宣公十五年》记载:春秋时期,晋国大夫魏颗没有遵照父亲遗愿把其宠爱的小妾陪葬,而是让小妾另嫁他人。后来,秦将杜回领兵攻打晋国,魏颗率兵抵抗。两军激战之时,战场上突然出现一位老人,他把地上的草打成了许多结把杜回绊倒,魏颗因此活捉了杜回,秦军大败。当天夜里,魏颗做了一个梦,梦见白天的那个老人对他说:"我是你所嫁的那个妇人的父亲,特来战场上结草报恩。"《后汉书·杨震传》注引《续齐谐记》记载:东汉杨宝小时候,救了一只小黄雀。一天晚上,杨宝做了一个梦,梦见一个黄衣童子,口中衔着四个玉环,送于杨宝做礼物,并祝愿杨宝的子孙几代都做大官。后来,杨宝的儿子、孙子、曾孙果然都做了大官,享尽了荣华富贵。根据这两个故事,人们概括出结草衔环这个成语,用来比喻感恩报德,至死不忘。

兰亭集序

王羲之

原文

永和九年，岁在癸丑，暮春之初，会于会稽山阴之兰亭，修禊(xì)事也。群贤毕至，少长咸集。此地有崇山峻岭，茂林修竹。又有清流激湍，映带左右，引以为流觞曲水。列坐其次，虽无丝竹管弦之盛，一觞一咏，亦足以畅叙幽情。是日也，天朗气清，惠风和畅。仰观宇宙之大，俯察品类之盛。所以游目骋怀，足以极视听之娱，信可乐也。

夫人之相与，俯仰一世，或取诸怀抱，晤言一室之内；或因寄所托，放浪形骸之外。虽趣舍万殊，静躁不同；当其欣于所遇，暂得于己，快然自足，不知老之将至。及其所之既倦，情随事迁，感慨系之矣。向之所欣，俯仰之间，已为陈迹，犹不能不以之兴怀。况修短随化，终期于尽。古人云：“死生亦大矣。”岂不痛哉！

每览昔人兴感之由，若合一契，未尝不临文嗟悼，不能喻之于怀。固知一死生为虚诞，齐彭殇为妄作。后之视今，亦犹今之视昔，悲夫！故列叙时人，录其所述。虽世殊事异，所以兴怀，其致一也。后之览者，亦将有感于斯文。

译文

永和九年，正当癸丑之年，暮春三月的上旬，我们聚集在会稽郡山阴县的兰亭，举行驱除不祥的活动。很多名流贤士都来到这里，老老少少相聚在一起。这里有巍峨的高山和峻峭的山岭，茂密的森林与修长的翠竹，又有那清澈湍急的溪流，萦回如带，映衬着两旁的景物。大家把这弯曲的溪流作为漂流酒杯的水道。人们并排坐在岸边，虽然没有优美动听的音乐助兴，但饮酒咏诗，也完全可以抒发内心的幽情。这一天，天晴日朗，空气清新，春风和煦。仰面观看那浩渺无际的天宇，俯身察视这万物繁茂的大地，纵目观览，敞开胸怀，足以使耳目体验到最大的快乐，实在是愉快啊！

人们共同生活在这人世之间，转眼一世就过来了，有些人喜欢敞开心扉，聚集在一室之内促膝畅谈；有些人则寄情于物，放荡豁达而不拘形迹地外出游观。虽然采取的方式千差万别，性格恬静或浮躁各有不同，但当他们为自己的境遇而欣喜，一时间怡然自得，感到高兴和满足，是不会觉察到时光流逝，老之将至的。等到他们对自己所向往的事物厌倦了，感情随着事物的变化而转移，无限的感慨便会随之而来了。过去自己喜爱的事物，转眼之间成了往事，对此尚且不能不感伤。何况人的寿命的长短是随着每人的造化而定，最终都归于完结。古人说："死与生也算是大事啊！"这难道不令人悲哀吗？

每当我探求古人抒发感慨的原因，便发现他们总像符契一样相合。读他们的文章免不了感伤，而心中不能明白原因。由此我明白那种等同死生的言辞是荒诞的，把长寿和短命视为无差别的论调是虚妄的。后代的人看我们的活动，也就像我们看古人的活动一样，多么可悲啊！正因为如此，我才逐个记载下参加集会的人士的姓名，收录他们的诗作。虽然时代不同，世事变化，但使人感慨的原因却往往是一致的。后来读到这本诗集的人们，也将会为这些作品而感叹。

作品赏析

本序是记述东晋文坛盛事雅集的一篇美文。东晋永和九年（353）三月三日，作者王羲之与当时名士谢安、孙绰及子侄凝之、献之等四十余人，宴集于风景秀美的浙江绍兴兰渚山的兰亭，曲水流觞，吟诗抒怀。所作后被编纂成集，并由王羲之作序。

序文仅三百二十五字，既记录了这次盛会的时间、地点、原因和与会者的"群贤毕至，少长咸集"，又以清新的笔致描写了兰亭四周暮春之初的风光景物，并由良辰美景之乐自然引发出对人生倏忽的无限感叹，集记事、写景、抒情、议

论于一体,如风行水上,自然成文。

陶渊明(约365~427),字元亮,后改名潜。因家中长有五棵柳树,被人称为"五柳先生",死后私谥"靖节"。浔阳柴桑(今江西九江)人。东晋末期南朝宋初诗人、文学家、辞赋家、散文家。陶渊明一生曾做过几任小官,后"不为五斗米折腰",辞官回家,从此隐居。陶渊明被称为"隐逸诗人之宗"。他的创作开创了田园诗的体系,使我国古典诗歌达到了一个新的境界,对后世影响极大。相关作品有《饮酒》、《归园田居》、《桃花源记》、《五柳先生传》、《归去来兮辞》、《桃花源诗》等。

五柳先生传

陶渊明

原文

先生不知何许人也,亦不详其姓字。宅边有五柳树,因以为号焉。闲静少言,不慕荣利。好读书,不求甚解;每有会意,便欣然忘食。性嗜酒,家贫不能常得。亲旧知其如此,或置酒而招之。造饮辄尽,期在必醉。既醉而退,曾不吝情去留。

环堵萧然,不蔽风日;短褐穿结,箪(dān)瓢屡空,晏如也。尝著文章自娱,颇示己志。忘怀得失,以此自终。

赞曰:黔娄之妻有言:"不戚戚于贫贱,不汲汲于富贵。"其言兹若人之俦乎!衔觞赋诗,以乐其志,无怀氏之民欤?葛天氏之民欤?

译文

　　先生不知是什么地方的人，也不晓得他的姓名。他的住宅旁边有五棵柳树，因此就用"五柳"为号了。他闲散安静、少言寡语，不慕求荣誉和利禄。他十分喜好读书，但并不拘泥穿凿附会，强自为解。每当读书有了心得，便十分得意，甚至忘了吃饭。他生性嗜好喝酒，家里贫穷，不能经常有酒喝。亲戚朋友了解他这种情况，便常常准备酒邀请他。他每次到亲朋那儿喝酒，都要将酒喝光，一定大醉方才尽兴。醉了便告辞，从来也不顾惜亲朋诚挚的挽留。

　　他的住宅狭窄萧条，不能挡风遮日。衣服破旧粗劣，千孔百结，粮米常缺，饮食不周，而他却十分安然。他经常撰文赋诗来陶冶性情，表述自己的志向。他忘却了世间的得失宠辱，愿意就这样来度过自己的一生。

　　赞云：黔娄之妻曾这样说过："不因为贫贱而经常忧愁，不羡慕富贵而苦心追求。"他的话便是指五柳先生这一类的人吧！饮酒赋诗，因此使自己的心志欣悦欢愉，是无怀氏时代的人呢，还是葛天氏时代的人呢？

作品赏析

　　"五柳先生"是作者自拟的称号，萧统《陶渊明传》称其"少有高趣"，"曾著《五柳先生传》以自况，时人谓之实录"，即可见其为己立传存照的意趣。写作时间，则有太元十七年（392）以前和永初元年（420）前后二说。

　　大凡立传皆须署名，本文却以"不知何许人"、"不详其姓字"导入，风致潇洒；又以读书不求甚解、嗜酒辄醉、安贫却以文章自娱三者见其性情，可谓脱略形迹，胸怀超然；末赞以"不戚戚于贫贱，不汲汲于富贵"，更见志趣不凡，有如上古先民。

王勃(649或650～676或675),字子安,绛州龙门(今山西河津)人,唐代著名诗人。王勃与杨炯、卢照邻、骆宾王以诗文齐名,并称"初唐四杰"。

王勃的诗"壮而不虚,刚而能润,雕而不碎,按而弥坚",对转变当时的诗风起到了很大的作用。杜甫赞其为"不废江河万古流"。(《戏为六绝句(其二)》)。

王勃的诗今存80多首,赋、序、表、碑、颂等文今存90多篇。撰有《周易发挥》五卷、《唐家千岁历》、《合论》10篇、《百里昌言》18篇等,代表作品:《滕王阁序》、《送杜少府之任蜀州》、《山亭夜宴》、《铜雀妓二首》等。

滕王阁序

王 勃

原文

南昌故郡,洪都新府。星分翼轸,地接衡庐。襟三江而带五湖,控蛮荆而引瓯越。物华天宝,龙光射牛斗之墟。人杰地灵,徐孺下陈蕃之榻。雄州雾列,俊彩星驰。台隍枕夷夏之交,宾主尽东南之美。都督阎公之雅望,棨(qǐ)戟遥临;宇文新州之懿范,襜(chān)帷暂驻。十旬休暇,胜友如云。千里逢迎,高朋满座。腾蛟起凤,孟学士之词宗。紫电清霜,王将军之武库。家君作宰,路出名区。童子何知,躬逢胜饯。

时维九月,序属三秋。潦水尽而寒潭清,烟光凝而暮山紫。俨骖𬴂(cān fēi)于上路,访风景于崇阿。临帝子之长洲,得仙人之旧馆。层峦耸翠,上出重霄;飞阁流丹,下临无地。鹤汀凫渚,穷岛屿之萦回;桂殿兰宫,列冈峦之体势。

披绣闼,俯雕甍。山原旷其盈视,川泽盱其骇瞩。闾阎扑地,钟鸣鼎食之家;舸舰迷津,青雀黄龙之舳。虹销雨霁,彩彻云衢(qú)。落霞与孤鹜齐飞,秋水共长天一色。渔舟唱晚,响穷彭蠡(lǐ)之滨;雁阵惊寒,声断衡

阳之浦。

遥吟俯畅，逸兴遄飞。爽籁发而清风生，纤歌凝而白云遏。睢园绿竹，气凌彭泽之樽；邺水朱华，光照临川之笔。四美具，二难并。穷睇眄(miǎn)于中天，极娱游于暇日。天高地迥，觉宇宙之无穷；兴尽悲来，识盈虚之有数。望长安于日下，指吴会于云间。地势极而南溟深，天柱高而北辰远。关山难越，谁悲失路之人？萍水相逢，尽是他乡之客。怀帝阍而不见，奉宣室以何年？

呜呼！时运不齐，命途多舛。冯唐易老，李广难封。屈贾谊于长沙，非无圣主；窜梁鸿于海曲，岂乏明时？所赖君子安贫，达人知命。老当益壮，宁知白首之心；穷且益坚，不坠青云之志。酌贪泉而觉爽，处涸辙以犹欢。北海虽赊，扶摇可接；东隅已逝，桑榆非晚。孟尝高洁，空怀报国之心；阮籍猖狂，岂效穷途之哭？

勃，三尺微命，一介书生。无路请缨，等终军之弱冠；有怀投笔，慕宗悫(què)之长风。舍簪笏于百龄，奉晨昏于万里。非谢家之宝树，接孟氏之芳邻。他日趋庭，叨陪鲤对；今晨捧袂(mèi)，喜托龙门。杨意不逢，抚凌云而自惜。钟期既遇，奏流水以何惭？

呜呼！胜地不常，盛筵难再；兰亭已矣，梓泽丘墟。临别赠言，幸承恩于伟饯；登高作赋，是所望于群公。敢竭鄙诚，恭疏短引，一言均赋，四韵俱成：

滕王高阁临江渚，　佩玉鸣鸾罢歌舞。
画栋朝飞南浦云，　朱帘暮卷西山雨。
闲云潭影日悠悠，　物换星移几度秋。
阁中帝子今何在？　槛外长江空自流！

译文

南昌本为旧时豫章郡的治所，洪州是当今新建的都府。天空正值翼星、轸星

分野,地域连接着衡山和庐山两处。以三江为衣襟,以五湖为束带,上接荆楚之地,下连着闽越之地。物产丰美并有天然的珍宝,龙泉剑光直射着牛斗之间的区域。人物英俊而山川灵秀,高士徐孺曾留宿在陈蕃特设的客榻上。雄伟的州郡像云雾在大地上罗列,杰出的人才如流星般飞驰。城池雄踞于蛮夷与中原相交之处,宾客主人囊括了东南地区的俊才。洪州都督阎公德高望重,他驱仪仗队从远方赶来;新州刺史宇文公具备美好的风范,他的车驾在这里暂驻。十天一旬的休假日,好友在这里云集。千里之遥来相会,高朋满座。文采腾蛟起凤,孟学士不愧是词章的宗师。宝剑紫电清霜,王将军收藏于自己的武库。家父在交趾做县令,我探亲途经这一胜地。我这个年轻人能有什么学识,却有幸参加这豪华的盛宴。

时逢九月,正值晚秋。地面的积水消尽而寒潭清澈见底,雾气和光辉凝聚而暮山紫得透明。驱马驾车在大路上奔跑,去高耸的山岭寻访美景。亲临帝子水边的长洲,找到仙人旧日的馆阁。层叠的山峦如耸立着的翠绿屏障,直入青云;凌空的高阁闪动着艳丽的光彩,俯临深渊。白鹤漫步的沙滩,野鸭栖息的洲渚,岛屿的安排极尽萦绕迂回的情致;桂木建筑的殿堂,香兰装饰的宫室,楼阁的布局呈现出起伏的山势。

推开那彩绘的阁门,俯视那雕饰的屋脊。山野辽阔尽收眼底,川泽浩荡触目惊心。城中房舍遍地,有不少显贵高门;渡口船只泊满,见许多雀舫龙舟。彩虹隐没,雨过天晴,日光普照,万里无云。落日中的晚霞与孤独的野鸭一起于天际飞舞,秋水和长天相映澄碧一色。暮色里归舟传来声声渔歌,飘荡到鄱阳湖畔;寒风中大雁发出阵阵低鸣,消失在衡阳水滨。

漫声长吟,俯临山川多么舒畅,满怀的逸兴迅速兴起。箫管奏鸣引来徐徐清风,歌声缭绕使得白云欲停。盛宴可比睢园中竹林聚会,酒兴压倒陶渊明的独乐;雅情恰似邺水畔建安风流,文采超过谢灵运。"音、味、文、言"这四美全都具备,学通古今的贤哲齐集一堂。极目远眺那无际的长空,尽情游乐在这闲暇的假日。苍天高远,大地辽阔,更觉得宇宙浩渺无垠;兴致消尽,悲伤涌来,认识到盛衰自有定数。西望京都远在夕阳之下,东指吴郡隐现云雾之间。地势尽于东南,南方大海幽深,天柱耸于西北,北极星辰高悬。关山万里,跋涉艰难,迷路的游子有谁来同情?萍水相逢的,全是他乡的陌生人。怀念着朝廷却不能相见,想得到皇帝召见，不知要等到何年？

唉！时运不好，命运坎坷。冯唐是那么容易衰老，李广是那么难得封侯。贾谊贬于长沙，并非未遇着圣贤的君主；梁鸿避居海角，岂是没逢到清明的时代？好在仁德的君子安于贫贱，通达的贤人了解命运。年纪老迈而情怀更加豪壮，哪里能改变白发之人的心愿。境遇艰难使意志越发坚定，决不会舍弃直上青云的志向。喝着贪泉的水却觉得神志清爽，处境艰难而依然乐观。北海虽然遥远，展翅乘风便可以到达；旭日东升般的青春年华已经逝去，夕照桑榆似的老年岁月却仍可有所作为。孟尝品德高洁，却难以实现报国的雄心；阮籍放荡不羁，岂能学他遇穷途而痛哭？

我是一个身份低微的文弱书生。虽然与年轻的终军同龄，却没有机会去立功报国；怀着壮志要投笔从戎，很羡慕宗悫那乘风破浪的雄心。如今宁愿抛舍一生的功名利禄，万里迢迢去朝夕侍奉父亲。虽不是玉树般的谢家子弟，却也愿学孟母以贤者为邻。不久便要"趋庭鲤对"聆听严父的教导，今天有幸"喜登龙门"拜见高雅的主人。如果碰不到举贤的杨得意，就只能抚摸着凌云之赋为自己惋惜。既然遇见了钟子期似的知己，奏起那流水之曲又心有何愧？

唉！美好的景致不能常存，盛大的宴会也难再遇到。那从前王羲之和许多朋友在兰亭游玩的事早已消逝，金谷园林的楼阁早成废墟。临别之时谆谆赠言，在这盛大的饯别宴会上侥幸蒙受都督的恩遇；登临滕王高阁撰写这华美的诗赋，期待着诸位先生各显奇才。我竭尽自己微薄的诚意，恭谨地写成这篇短序，一齐说出众人做赋的意思来，完成了这四韵八句：

壮美的滕王阁俯临着江边的沙洲，

佩玉鸣，鸾铃响，歌舞尽收。

晨光中，南浦的白云飘过雕花的房梁，

暮霭里，彩绘的窗帘卷收起西山的阵雨。

闲云投影在深潭，每日里悠悠飘荡，

人物变换，时光推移，不知过了几度春秋。

当年滕王阁中的滕王如今又在哪里？

只见门槛外长江水依然寂寞地奔流。

作品赏析

关于王勃写这篇文章的情况，五代王定保的《唐摭言》载：王勃十四岁时过滕王阁，遇集会，都督阎公要让自己的女婿孟学士作序，而且早有准备，但又故作姿态，邀请别人执笔。王勃并不辞让，阎公大怒，派人看着他写，并陆续报告他写些什么。当报到"落霞与孤鹜齐飞，秋水共长天一色"两句的时候，阎公叹服了，说："此真天才，当垂不朽矣。"这段记载恐有失实之处，如年龄问题。现在一般认为是王勃于唐高宗上元二年(675)往交趾省亲，路过南昌，正逢洪州都督阎公在此举行宴会，王勃参加并写了诗和序。

本篇序文由洪州的地势、人才写到宴会；写滕王阁的壮丽，紧扣秋日，景色鲜明；再从宴会娱游写到人生遇合，抒发身世之感；接着写自己的遭遇并表白要自励志节，最后以应命赋诗和自谦之辞作结。全文表露了王勃的抱负和怀才不遇的愤懑心情。

杜牧(803~约852)，字牧之，号樊川居士，京兆万年(今陕西西安)人，唐代诗人。因晚年居长安南樊川别墅，故后世称其为"杜樊川"。

杜牧在诗、赋、古文方面都堪称名家。其文意蕴深远，词气纵横，既能吸收融化前人的精华，又能独具魅力。其诗题材广泛，笔墨峭健有力，情韵跌宕起伏。有《樊川文集》传世。

小百科/XiaoBaiKe

江南物华天宝，人杰地灵，能工巧匠辈出。江南三大名楼因气势宏伟，建筑独特，尤为后人推崇。江南三大名楼分别为：岳阳楼、黄鹤楼和滕王阁。岳阳楼雄踞岳阳古城西门，气势壮阔，构制雄伟，素有"洞庭天下水，岳阳天下楼"的盛誉。黄鹤楼原址湖北武昌蛇山黄鹤矶头，原为酒店，后有道士在此乘鹤而去，故名黄鹤楼。滕王阁故址已不存，现存建筑为后人重建，无论高度还是面积，均超过黄鹤楼和岳阳楼，为三大名楼之首。

阿房宫赋

杜 牧

原文

　　六王毕，四海一，蜀山兀，阿房出。覆压三百余里，隔离天日。骊山北构而西折，直走咸阳。二川溶溶，流入宫墙。五步一楼，十步一阁；廊腰缦回，檐牙高啄；各抱地势，钩心斗角。盘盘焉，囷囷（qūn）焉，蜂房水涡，矗不知其几千万落。长桥卧波，未云何龙？复道行空，不霁何虹？高低冥迷，不知西东。歌台暖响，春光融融；舞殿冷袖，风雨凄凄。一日之内，一宫之间，而气候不齐。

　　妃嫔媵（yìng）嫱，王子皇孙，辞楼下殿，辇来于秦。朝歌夜弦，为秦宫人。明星荧荧，开妆镜也；绿云扰扰，梳晓鬟也；渭流涨腻，弃脂水也；烟斜雾横，焚椒兰也。雷霆乍惊，宫车过也；辘辘远听，杳不知其所之也。一肌一容，尽态极妍，缦立远视，而望幸焉。有不得见者三十六年。燕、赵之收藏，韩、魏之经营，齐、楚之精英，几世几年，取掠其人，倚叠如山。一旦不能有，输来其间。鼎铛玉石，金块珠砾，弃掷逦迤，秦人视之，亦不甚惜。

　　嗟乎！一人之心，千万人之心也。秦爱纷奢，人亦念其家。奈何取之尽锱（zī）铢，用之如泥沙？使负栋之柱，多于南亩之农夫；架梁之椽，多于机上之工女；钉头磷磷，多于在庾之粟粒；瓦缝参差，多于周身之帛缕；直栏横槛，多于九土之城郭；管弦呕哑，多于市人之言语。使天下之人，不敢言而敢怒。独夫之心，日益骄固。戍卒叫，函谷举，楚人一炬，可怜焦土！

　　呜呼！灭六国者，六国也，非秦也；族秦者，秦也，非天下也。嗟夫！使六国各爱其人，则足以拒秦。秦复爱六国之人，则递三世可至万世而为君，谁得而族灭也！秦人不暇自哀，而后人哀之；后人哀之而不鉴之，亦使后人而复哀后人也！

译文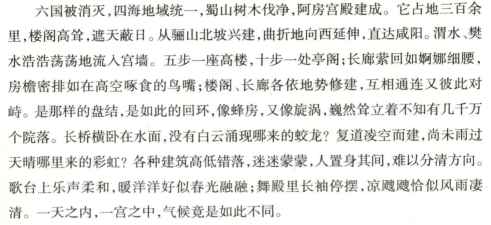

　　六国被消灭，四海地域统一，蜀山树木伐净，阿房宫殿建成。它占地三百余里，楼阁高耸，遮天蔽日。从骊山北坡兴建，曲折地向西延伸，直达咸阳。渭水、樊水浩浩荡荡地流入宫墙。五步一座高楼，十步一处亭阁；长廊萦回如婀娜细腰，房檐密排如在高空啄食的鸟嘴；楼阁、长廊各依地势修建，互相通连又彼此对峙。是那样的盘结，是如此的回环，像蜂房，又像旋涡，巍然耸立着不知有几千万个院落。长桥横卧在水面，没有白云涌现哪来的蛟龙？复道凌空而建，尚未雨过天晴哪里来的彩虹？各种建筑高低错落，迷迷蒙蒙，人置身其间，难以分清方向。歌台上乐声柔和，暖洋洋好似春光融融；舞殿里长袖停摆，凉飕飕恰似风雨凄清。一天之内，一宫之中，气候竟是如此不同。

　　六国的嫔妃宫女、王子皇孙，离开了各自的宫殿楼阁，乘车来到秦国阿房宫中。早晨为秦王高歌，晚上为秦王抚琴，成了秦王的宫人。好像繁星闪耀的，那是美人打开了梳妆镜匣；好像绿云缭绕的，那是美人在清晨中梳理发鬟；渭河浮满的油腻，那是美人倾倒了洗脸的脂水；骊山烟雾缭绕，那是宫中点燃了芬芳的椒兰。晴空里响起了霹雳，那是宫车在路上经过；辘辘的车声遥传到耳中，车子去远了不知在哪里停留。每一副容貌，每一种体态肌肤，全都美丽绝伦。久久地站着向远处眺望，一心期待着君王能驾临宠幸。有的人到这儿三十六年，从未见过皇帝。燕王、赵王收藏的珠宝，韩王、魏王搜罗的珍奇，齐王、楚王聚敛的精金美玉，不知历经了几世几年，他们抢掠国中的百姓，那无数的珍宝堆积如山；一旦国破家亡无法保存，就都运到这阿房宫中。宝鼎当做破锅，美玉贱如青石，赤金似泥块，珍珠像沙砾，到处抛弃，遍地皆是，秦人看到这些，也并不感到可惜。

　　唉！一个人的心愿，正是千千万万人的心愿。秦王喜爱奢侈华丽，人民也顾念自己的家。为什么向人民掠取财物一点儿也不肯剩留，而使用的时候却挥霍如同泥沙？造起这样的宫殿顶梁的红柱，多于田野中的农夫；架梁的彩椽，多于织机上的织女；密布的钉头，多于仓库中的谷米；参差的瓦缝，多于百姓衣服上的线缕；纵横的栏杆和门槛，多于天下的城墙；管弦的奏鸣声，多于闹市中人们的话语声。致使天下的人民，虽然口不敢说，然而心中却郁积着愤怒。独裁者的心，一天比一天骄横顽固。于是，戍卒们振臂一呼，函谷关就被攻陷。楚兵的一把火，可怜阿房宫就这样变成了一片焦土。

唉！灭掉六国的，是六国自己，并不是强秦。灭掉秦国的，是秦国自己，也并不是天下的百姓。唉，假如六国的统治者各自爱护本国的百姓，那么上下一心是完全可以抵抗强秦的。假如秦在统一之后能爱护原来六国的百姓，那么定会由三世传到万世而永为天下之君，谁又能够将它灭亡呢？秦国的人没有来得及为自己的错误懊悔伤悲，而后代的人却常常为他们哀痛；后人虽然哀痛，却并不认真地吸取这一教训，也只好让他们的后代又为他们哀痛了！

作品赏析

这篇赋是杜牧成名之作，撰写时二十三四岁。前半篇铺陈阿房宫建筑之壮丽，宫女之姣美、珍宝之众多，大半出于想象；后半篇畅论秦朝以暴取民财终致覆亡，并反复阐明这个道理，以昭鉴戒。语言上骈散兼行，韵律鲜明，辞采瑰丽，是唐人文赋中的佳作。

关于阿房宫，《史记·秦始皇本纪》记载：秦始皇三十五年（前212），因为秦都咸阳人多，原先的宫殿嫌小，就在渭南上林苑中营建朝宫。先造前殿阿房，东西五百步，南北五十丈，上可以坐万人，下可以建五丈旗。周驰为阁道，自殿下直抵南山。由阿房宫通过复道，与咸阳连接，象征天上的阁道渡过银河直达营室（阁道、营室都是星名）。

韩愈（768～824），字退之，唐河内河阳（今河南孟县）人，唐代文学家、哲学家。自谓郡望昌黎，世称韩昌黎。晚年任吏部侍郎，又称韩吏部。谥号"文"，故世称韩文公。韩愈是唐代古文运动的倡导者，宋代苏轼称他"文起八代之衰"，与柳宗元、欧阳修、王安石、曾巩、苏洵、苏轼、苏辙合称为"唐宋八大家"。后人又将他与杜甫并提，故有"杜诗韩文"之称。

韩愈主张以文为诗,把新的古文语言、章法、技巧引入诗坛,这样不仅增强了诗的表达功能,扩大了诗的领域,还在很大程度上纠正了大历以来的平庸诗风。明人推他为唐宋八大家之首,有"文章巨公"和"百代文宗"之名,有《韩昌黎集》四十卷,《外集》十卷。

杂说四

韩 愈

 原文

世有伯乐,然后有千里马。千里马常有,而伯乐不常有。故虽有名马,只辱于奴隶人之手,骈死于槽枥(lì)之间,不以千里称也。

马之千里者,一食或尽粟一石。食马者不知其能千里而食也。是马也,虽有千里之能,食不饱,力不足,才美不外见,且欲与常马等不可得,安求其能千里也?策之不以其道,食之不能尽其材,鸣之而不能通其意。执策而临之曰:"天下无马。"呜呼!其真无马邪,其真不知马也?

 译文

世上有了伯乐,然后才有千里马。千里马是常有的,而善于相马的伯乐却并不常有。因此虽然有好马,却只能在马夫的手下受屈辱,和普通的马一块儿老死在马厩里,而不能以日行千里见称于世。

能够日行千里的马,一顿饭有时要吃一石米。喂马的人不了解它能日行千里的特点,而像喂普通的马一样喂养它。这匹马,虽有日行千里的能力,但饲料不足以让它吃饱,力气便不会充足,出色的才能便不能表现出来,想和平常的马一样都尚且办不到,怎么可以要求它日行千里呢?驾驭使用它不根据它的特性,喂养

它又不能满足它的食量，吆喝驱赶它又不能通识马意，手执马鞭站到它的跟前，叹息道："天下无好马。"唉！是果真没有好马吗？还是他确实不认得好马呢？

作品赏析

这是历来传诵的佳作，文章虽短，却层层深入，笔锋犀利。本文借千里马不遇伯乐来比喻有才之士怀才不遇，抨击在位掌权者不识人才并摧残人才。写作年代不详。有人认为作于唐德宗贞元十一年(795)，当时韩愈曾三次上书给宰相，均未得用。

在本文一开头，就说没有伯乐就没有千里马，表明好马是常有的，但没有识马的伯乐，有了好马也等于没有。"不以千里称"，是借马为有才之士抱屈。接下去凌空着笔，说好马食量极大，是比喻有才之人应该得到好的待遇，但用人者不识才，如同饲马者不识好马，以至于要求得到平常的待遇也不可得，"安能求其千里"呢！"不以千里称"，是死后名声泯灭；"安能求其千里"，是活着的时候才干被埋没：一死一生，汩没无名，这是令人十分不平之事；再进一层说，埋没了名马的那些掌权者，居然还斥责"天下无马"，这还有什么可说的呢！所以，用冷冷的两句反问作结，给读者留下了许多可以想象的空间。

师 说

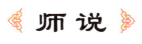

韩 愈

原文

古之学者必有师。师者，所以传道受业解惑也。人非生而知之者，孰能无惑？惑而不从师，其为惑也，终不解矣。生乎吾前，其闻道也，固先乎

吾，吾从而师之；生乎吾后，其闻道也，亦先乎吾，吾从而师之。吾师道也，夫庸知其年之先后生于吾乎？是故无贵无贱，无长无少，道之所存，师之所存也。

嗟乎！师道之不传也久矣，欲人之无惑也难矣。古之圣人，其出人也远矣，犹且从师而问焉。今之众人，其下圣人也亦远矣，而耻学于师。是故圣益圣，愚益愚。圣人之所以为圣，愚人之所以为愚，其皆出于此乎？爱其子，择师而教之；于其身也，则耻师焉，惑矣！彼童子之师，授之书而习其句读者也，非吾所谓传其道、解其惑者也。句读之不知，惑之不解，或师焉，或不焉。小学而大遗，吾未见其明也。巫医、乐师、百工之人，不耻相师。士大夫之族，曰师曰弟子云者，则群聚而笑之。问之，则曰："彼与彼年相若也，道相似也。"位卑则足羞，官盛则近谀。呜呼！师道之不复可知矣。巫医、乐师、百工之人，君子不齿，今其智乃反不能及，其可怪也欤！

圣人无常师。孔子师郯(tán)子、苌弘、师襄、老聃(dān)。郯子之徒，其贤不及孔子。孔子曰："三人行，则必有我师。"是故弟子不必不如师，师不必贤于弟子。闻道有先后，术业有专攻，如是而已。

李氏子蟠，年十七，好古文，六艺经传皆通习之，不拘于时，学于余。余嘉其能行古道，作《师说》以贻之。

译文

古时候求学问的人一定有老师。老师，是传授圣贤之道、讲解知识、解答疑难问题的。人并不是生下来就有知识、懂道理的，谁能没有疑难问题呢？有了疑难问题却不去向老师请教、学习，那些疑难的问题是永远不会得到解决的。生在我前面的人，他掌握圣贤之道本来就比我早，我要跟从他学习；生在我之后的人，如果他掌握圣贤之道也比我早，我也应跟着他学习。我学的是圣贤之道，哪里在乎老师年龄比我大还是比我小呢？因此，不论尊贵的或贫贱的，年长的或年少的，圣贤之道为谁所掌握，谁就是老师。

唉！从师求学的风尚不得流传已经很久了，想要叫人们没有疑惑不解的问题可真是太难了！古时候的圣人，他们远远地超出于一般人，尚且拜师求教；而现在的一般人，和圣人差得很远，却以从师学习为耻。正是因为如此，圣人就越发圣明，而愚人就越发愚蠢了。圣人之所以成为圣人，愚人之所以成为愚人，大概就是由于这一点吧。喜爱自己的孩子，挑选好的老师来教他们，而对于自己，则以向老师学习为耻，实在令人疑惑不解啊！那些孩子的启蒙老师，是教给孩子书中的内容，使孩子们能学会断句诵读的，并不是我所说的传授圣贤之道及解答疑难问题的老师啊。不会断句，有疑难不能解决，有的去向老师学习，有的却不去学习，去学小知识而把大学问丢在一边，我实在看不出他们明智啊。巫医、乐师和工匠们，不以互相学习为耻。而士大夫之类的人，有称"老师"、称"弟子"的，人们便聚在一起讥笑他们。问一下原因，人们就说："某人和某人年龄相仿，学问也差不多。"他们认为以地位低的人为师实在是一种耻辱，以官职高的人为师则又近乎谄媚。唉！由此可知从师求学的传统不能恢复的原因了。巫医、乐师、工匠们，有地位的人是不屑于与他们为伍的，而现今竟然反而不如他们聪明，这岂不是怪事吗！

圣人没有固定的老师，孔子就曾经以郯子、苌弘、师襄、老聃为师。郯子等人，他们的贤德是不如孔子的。孔子说过："三个人同行，其中必定有可以做我老师的人。"因此，弟子不一定在所有方面都不如老师，老师也不一定任何方面都比弟子贤明。明白圣贤之道有早有晚，对某一方面的学问各有专长，不过如此罢了。

李氏有个孩子名叫蟠，年龄才十七岁，喜好古文，六经及传注都学习了，他不受当前风气所影响，跟从我学习。我赞许他能够实行古人从师的正道，写了这篇《师说》送给他。

作品赏析

本文是韩愈的名篇之一，阐述师的作用和从师学习的重要，抨击当时士大夫以从师学习为耻的坏风气。韩愈认为"人非生而知之者"，所以人人都要从师学习；从师的原因是"道之所存，师之所存"，不分长幼，不论贵贱；老师与弟子之间，"弟子不必不如师，师不必贤于弟子"，因为"闻道有先后，术业有专攻"。文章用从师与不从师、学道和学句读、士大夫和巫医乐师百工之人作对比，反复论证，脉络清楚，含义深远，语言流畅。

柳宗元有《答韦中立论师道书》，他说："今之世不闻有师，有辄哗笑之以为狂人。独韩愈奋不顾流俗，犯笑侮，收召后学，作《师说》，因抗颜而为师。"可见韩愈当年是很有勇气和抱负的。

祭鳄鱼文

韩　愈

原文

维年月日，潮州刺史韩愈，使军事衙推秦济，以羊一、猪一，投恶溪之潭水，以与鳄鱼食，而告之曰：

昔先王既有天下，列山泽，罔绳擉（chuō）刃，以除虫蛇恶物为民害者，驱而出之四海之外。及后王德薄，不能远有，则江汉之间，尚皆弃之以与蛮、夷、楚、越；况潮岭海之间，去京师万里哉！鳄鱼之涵淹卵育于此，亦固其所。今天子嗣唐位，神圣慈武，四海之外，六合之内，皆抚而有之。况禹迹所掩，扬州之近地，刺史、县令之所治，出贡赋以供天地宗庙百神之祀之壤者哉！鳄鱼其不可与刺史杂处此土也。

刺史受天子命，守此土，治此民，而鳄鱼睅（hàn）然不安溪潭，据处食民畜熊豕鹿獐，以肥其身，以种其子孙，与刺史亢拒，争为长雄。刺史虽驽弱，亦安肯为鳄鱼低首下心，伈伈（xǐn）睍睍（xiàn），为民吏羞，以偷活于此邪！且承天子命以来为吏，固其势不得不与鳄鱼辨。鳄鱼有知，其听刺史言：

潮之州，大海在其南。鲸鹏之大，虾蟹之细，无不容归，以生以食，鳄鱼朝发而夕至也。今与鳄鱼约：尽三日，其率丑类南徙于海，以避天子之命吏。三日不能，至五日；五日不能，至七日；七日不能，是终不肯徙也，是不有刺史听从其言也。不然，则是鳄鱼冥顽不灵，刺史虽有言，不闻不知也。夫傲天子之命吏，不听其言，不徙以避之，与冥顽不灵而为民物害者，皆可杀。刺史则选材技吏民，操强弓毒矢，以与鳄鱼从事，必尽杀乃止。其无悔！

译文

　　某年某月某日，潮州刺史韩愈，派遣军事衙推秦济，将一只羊，一头猪，投到恶溪的深水中，给鳄鱼吃，并向鳄鱼宣告道：

　　从前先王统治天下的时候，对所有的山岭水泽，都用绳网来搜捕，用锋刃来刺杀，以铲除毒虫、蟒蛇等凶恶的祸害人民的动物，驱逐它们到四海之外。到了后代君王继位，德望浅薄，不能统治远方，连长江、汉水一带，尚且都抛弃了，将它给了蛮、夷、楚、越等异族，何况离京都遥遥万里的潮州、岭南海滨一带呢？鳄鱼在这儿潜游生育，本来也可以算是它们的自然处所吧。现今的天子承继了唐朝的君位，神明、圣贤、仁慈、威武，四海之外，普天之下，都加以安抚而据有。何况是大禹的足迹所到之处，古代所说的扬州这样的近地，刺史、县令所管理，缴纳贡品赋税用来供奉天地、宗庙、百神的区域呢？鳄鱼是不应该和刺史混杂地住在这个地方的！

　　刺史接受天子的委命，守护这块土地，治理这儿的人民。而鳄鱼却怒目突出，十分凶横，不安居于溪潭之中，盘踞在这儿吞食家畜、熊、野猪、鹿和獐子，以便养肥它们的身体，繁殖它们的子孙，和刺史对抗，争做豪杰。刺史虽然愚鲁而软弱，但怎么能够因鳄鱼而低下头，降低心志，畏畏缩缩，招致百姓和官吏的羞辱，苟且偷生此地呢？况且承受天子诏命而到这儿做官，本来所处的地位就不得不给鳄鱼讲个明白。鳄鱼如有灵智，请听刺史的宣告：

　　潮州这个地方，大海就在它的南边。鲸鱼、鲲鹏这些庞然大物，鱼虾螃蟹一类细小的水族，没有不能容纳的，它们在那里生育寻食，鳄鱼早晨起程晚上就可到达。现在我与鳄鱼约定：三天为期，请率领你的丑类向南远迁于大海，以便回避天子的命官。三天不行，可放宽到五天；五天不够，再放宽到七天；七天不能做到,那就是根本不肯迁徙了,那就是不把刺史放到心上,不听从他的忠告了。不然,就是鳄鱼冥顽没有灵性,刺史虽然讲了这些话,它听不见也不懂得啊。傲视天子的命官,不听他的话,不迁徙以便回避,冥顽没有灵性而成为人和物的祸害的,都应该杀戮。刺史就要选拔有才干武技的官民,拿着强弓毒箭,给鳄鱼以处置,一定要杀光它们才停止。到时可不要后悔啊!

作品赏析

　　元和十四年(819),韩愈因上《谏迎佛骨表》触怒唐宪宗,被贬为潮州刺史,治所海阳(今广东潮安),离长安(今陕西西安)很遥远。韩愈在本文中有"去京师万里"之说,心情相当悲怆。然而他还是努力有所作为。本文便作于他到任后不久。《旧唐书》本传略谓:愈至潮阳,询吏民疾苦,皆曰:郡西湫水有鳄鱼,食民畜产将尽,以是民贫。愈往视,令咒之(即宣告本文)。咒之夕,有暴风起湫中,数日,湫水尽涸,徙于旧湫西六十里,自是潮人无鳄鱼患。这故事大概是人们因怀念韩愈而故神其说。根据调查,韩愈当时采取了一些措施,如筑堤之类措施来防治鳄鱼之患;而这篇文章则寄托着作者的政治抱负,对人民生活与国家安全的关切,对邪恶势力的憎恨。本文一作《鳄鱼文》,一说应作《告鳄鱼文》。

卷五 唐宋文

柳宗元(773~819),字子厚,山西运城人,祖籍河东(今山西省永济市运城、芮城一带)。我国唐朝著名的文学家、哲学家、散文家和思想家,世称"柳河东"。因官终柳州刺史,又称"柳柳州"。

柳宗元为"唐宋八大家"之一,他和韩愈都是"古文运动"的倡导者,被世人并称为"韩柳"。他与刘禹锡并称"刘柳",与王维、孟浩然、韦应物并称"王孟韦柳"。柳宗元传世骈文有近百篇,散文论说性强,笔锋犀利,讽刺辛辣,记游、写景、状物,多有所寄托。代表作有《永州八记》、《捕蛇者说》、《三戒》、《黔之驴》。

捕蛇者说

柳宗元

原文

永州之野产异蛇,黑质而白章。触草木,尽死;以啮人,无御之者。然得而腊之以为饵,可以已大风、挛踠、瘘(lòu)、疠(lì),去死肌,杀三虫。其始,太医以王命聚之,岁赋其二。募有能捕之者,当其租入。永之人争奔走焉。

有蒋氏者,专其利三世矣。问之,则曰:"吾祖死于是,吾父死于是,今吾嗣为之十二年,几死者数矣。"言之,貌若甚戚者。余悲之,且曰:"若毒之乎?

余将告于莅事者,更若役,复若赋,则何如?"蒋氏大戚,汪然出涕曰:"君将哀而生之乎?则吾斯役之不幸,未若复吾赋不幸之甚也。向吾不为斯役,则久已病矣。自吾氏三世居是乡,积于今六十岁矣。而乡邻之生日蹙(cù),殚其地之出,竭其庐之入,号呼而转徙,饥渴而顿踣(bó)。触风雨,犯寒暑,呼嘘毒疠,往往而死者相藉也。曩(nǎng)与吾祖居者,今其室十无一焉;与吾父居者,今其室十无二三焉;与吾居十二年者,今其室十无四五焉。非死则徙尔,而吾以捕蛇独存。悍吏之来吾乡,叫嚣乎东西,隳突乎南北,哗然而骇者,虽鸡狗不得宁焉。吾恂恂(xún)而起,视其缶,而吾蛇尚存,则弛然而卧。谨食之,时而献焉。退而甘食其土之有,以尽吾齿。盖一岁之犯死者二焉,其余则熙熙而乐。岂若吾乡邻之旦旦有是哉?今虽死乎此,比吾乡邻之死则已后矣,又安敢毒邪?"

余闻而愈悲。孔子曰:"苛政猛于虎也。"吾尝疑乎是。今以蒋氏观之,犹信。呜呼!孰知赋敛之毒有甚是蛇者乎!故为之说,以俟夫观人风者得焉。

译文

永州的山野出产一种奇异的蛇,黑色的身体上长着白色的花纹,碰到草木,草木便都被毒死。咬了人,人就无法救治。然而捉住它晒干来做药饵,可治愈麻风、手足弯曲、颈肿和恶疮等疾病,还可以除去腐烂的肌肉,杀死人体内的寄生虫。起初,太医奉皇帝的诏命来征集它,每年征收两次。招募能捉这种蛇的人,可以用蛇代替他们应缴的赋税。永州的百姓争着去捕这种蛇。

有个姓蒋的人,他家独自享受这种好处已经三代了。我问他情况,他说:"我的爷爷死在捕蛇这件事上,我的父亲死在捕蛇这件事上,现在我继承祖业捕蛇已经十二年了,差一点儿被咬死的情况已经发生过好多次了。"言谈之间,表情十分悲伤。我很同情他,就说:"你为这事很苦恼吗?我可以去告诉掌管此事的官员,改换你的这个差使,恢复征收你的赋税,你觉得怎么样呢?"姓蒋的人一听更痛苦了,流着泪说:"您大概是可怜我而想叫我活下去吧?那么我这种差使带来的不幸，远远不如恢复我的赋税所造成的不幸厉害啊。假如我不干这种差使，我早就困苦不堪了。自从我一家三代住在这个地方，到现在已有六十年了。而同村邻居的生活一天比一天困窘，他们缴纳了地里全部的出产，用尽了家中的收入，啼哭呻吟着到处逃亡，因为饥渴劳累跌倒在地上。受尽风吹雨打，忍受着严寒酷暑，呼吸着毒气，往往因此而死的人一批接着一批。过去和我的爷爷一块儿居住的，如今他们十户之中剩不到一户了；和我父亲一块儿居住的，如今他们十户之中，余留下来的不过二三户了；和我一块儿居住十二年的，如今他们十户之中存留下来的不到四五户了。他们不是死了就是搬走了，而我家却因为担负捕蛇的差役独自存活下来。那些凶狠的差吏来到我们村中，到处狂喊乱叫，骚扰破坏，惊呼而胆寒的，不仅是人，就连鸡狗也不得安宁。我则小心地站起身来，看看那个瓦罐，发现我捉的蛇还在，便放心地躺下睡觉。我细心地喂养它，到了规定的日期便献上去。回到家中美美地享用那田中的出产物，来度过我的一生。一年之中冒生命危险去捕蛇不过两回，其余的时间都是安闲而快乐的。哪里像我乡间的邻居天天都受着死亡的威胁呢？如今就是死在捕蛇这件事上，比起我的邻居来，死得也算是晚多了，又怎么敢怨恨呢？"

我听了他的话以后心里更加悲伤。孔子说："暴政比老虎更凶狠啊。"我曾经对这种说法表示怀疑。而今从姓蒋的人的遭遇来看，才知道这话千真万确。唉！谁知道赋税征敛的毒害，比这种毒蛇更厉害呢！所以为此事写了这篇文章，留待那些考察民情的官员对这有所了解。

作品赏析

　　本篇为作者名篇之一，是其谪居永州时作。当时贪官污吏巧取豪夺，苛捐杂税多如牛毛，使广大劳动人民无计为生，有的家破人亡，有的被迫逃亡他乡。作者目睹这种景象，借捕蛇者蒋氏一家三代的悲惨遭遇，揭露了唐代中期社会的种种弊端，同时为劳动人民喊出了悲愤的心声，向统治者提出了强烈的控诉。文章深沉曲折，波澜起伏，通过叙述异蛇之毒，捕蛇之险，官吏征蛇之狠，最后点出

"赋敛之毒有甚是蛇者"的主题思想。

　　王禹偁(954~1001)，字元之，济州巨野(今山东省巨野县)人，北宋诗人、散文家。晚年被贬于黄州，世称"王黄州"。太平兴国八年(983)进士，历任成武县主簿、长洲知县，迁大理评事、右拾遗、左司谏、知制诰。王禹偁为人中正耿直，敢于直言讽谏，因此屡受贬谪，仕途坎坷，逝于蕲州任上。

　　王禹偁是北宋诗文革新运动的奠基人，他的诗文，语言自然流畅，风格简朴淡雅，对时政多有规谏，对民间疾苦多有深厚的同情。《宋诗钞》里说："元之独开有宋风气。"宋代文人林和靖说："纵横吾宋是黄州。"苏轼称赞王禹偁"以其雄文直道，独立当世"。其代表作有《待漏院记》、《黄冈竹楼记》等。

黄冈竹楼记

王禹偁

原文

　　黄冈之地多竹，大者如椽，竹工破之，刳去其节，用代陶瓦，比屋皆然，以其价廉而工省也。

　　予城西北隅，雉堞圮毁，蓁莽荒秽，因作小楼二间，与月波楼通。远吞山光，平挹江濑，幽阒(qù)辽夐(xiòng)，不可具状。夏宜急雨，有瀑布声；冬宜密雪，有碎玉声。宜鼓琴，琴调和畅；宜咏诗，诗韵清绝；宜围棋，子声丁丁然；宜投壶，矢声铮铮然。皆竹楼之所助也。

　　公退之暇，被鹤氅(chǎng)，戴华阳巾，手执《周易》一卷，焚香默坐，消遣世虑。江山之外，第见风帆沙鸟、烟云竹树而已。待其酒力醒，茶烟歇，送夕阳，迎素月，亦谪居之胜概也。

　　彼齐云、落星，高则高矣；井干、丽谯，华则华矣。止于贮妓女，藏歌舞，非骚人之事，吾所不取。

吾闻竹工云:"竹之为瓦,仅十稔(rěn),若重覆之,得二十稔。"噫!吾以至道乙未岁,自翰林出滁上,丙申移广陵,丁酉又入西掖,戊戌岁除日,有齐安之命,已亥闰三月,到郡。四年之间,奔走不暇,未知明年又在何处,岂惧竹楼之易朽乎?幸后之人与我同志,嗣而葺之,庶斯楼之不朽也。

译文

　　黄冈这地方盛产竹子,其中大的粗如屋椽,竹工劈开它,削掉竹节,用来代替泥土烧成的瓦,家家的房屋都这样。因为它价格便宜又省工。

　　内城的西北角,城上的矮墙倒塌了,密生着杂草小树,荒凉肮脏,我就在这里修筑了两间小楼,和月波楼相通。远望秀美的山色,一览无余,平视江边沙石上的流水,幽静辽阔,无法一一描述。夏日最适宜下急骤的暴雨,竹楼上会发出瀑布的轰响;冬季最适宜下浓密的大雪,小楼中时时听到碎玉落地般的清音。这里适宜弹琴,琴声格外和谐流畅;这里适宜咏诗,诗歌的韵味清新隽永;这里适宜下棋,棋子叮叮作响是那样清脆;这里适宜投壶,箭落壶中铮铮有声如此响亮。这都是竹楼所助成的。

小百科 / XiaoBaiKe

　　我国四大名亭分别为醉翁亭、陶然亭、爱晚亭和湖心亭。醉翁亭坐落于安徽滁州市西南的琅琊山麓,因欧阳修的传世之作《醉翁亭记》而名扬大江南北。陶然亭位于北京市陶然桥西北侧,风光秀丽,造型雅致,历来备受游客喜爱。爱晚亭位于岳麓书院后青枫峡的小山上,原名"红叶亭",又名"爱枫亭",后经清代诗人袁枚建议,改名为爱晚亭,取"停车坐爱枫林晚,霜叶红于二月花"之意。湖心亭在杭州西湖中,始建于明嘉靖三十一年(1552),亭为楼式建筑,四面环水,登楼四望,景色壮观,原建筑现已不存,今亭为1953年重建。

办完公务归来的闲暇之时，我身披鹤氅衣，头戴华阳巾，手持一卷《周易》，点上香，静静地坐在这儿，就能摒除尘俗的杂念。江流山峦之外，只看到风中的白帆、沙滩的水鸟、轻烟淡云、翠竹绿树而已。等到酒醒了，茶尽烟消，送走落日，迎来清月，这也是贬谪生活中的一种佳境啊。

那齐云楼、落星楼，高是够高的；那井干楼、丽谯楼，华丽是够华丽的。然而只是用来蓄养艺妓、安顿歌舞女子，这不是风雅之士的风流雅事，我是不赞成这样做的。

我听竹匠说："竹子做瓦，只能使用十年，如果铺上两层，能够用二十年。"啊！我在至道乙未年由翰林学士被贬到滁州，丙申年调到广陵，丁酉年又被召回中书省任职，咸平戊戌年的除夕，被委任为黄州刺史，己亥年闰三月到达郡城。四年之内，我四处奔波从未停息，不知道明年又到什么地方，难道还怕竹楼容易朽败吗？我的继任者能和我志趣相投，不断地加以整修，那么这栋竹楼便不会腐朽倒塌了。

作品赏析

这篇文章是王禹偁在宋真宗咸平二年（999）被贬为黄州刺史时写的。文章写得轻灵潇洒，通过修筑竹楼的记叙和描写，表达了作者贬谪后随缘自适、游于物外的思想。但王禹偁并没有对世事完全忘情，在表面的平静中，仍然可以隐隐感到他的激愤和不平。

第二段写竹楼的声音，从夏雨、冬雪的自然现象，到鼓琴、咏诗、围棋、投壶等人事活动，层层排比，着力渲染，写出了一个幽邃、清隽的境界。

范仲淹（989~1052），字希文，吴县（今江苏吴县）人。北宋著名的政治家、思想家、军事家和文学家。

范仲淹在文学方面的成就堪称卓越。其词既有大笔振迅之处，突破唐末五代词的绮靡风气，在宋初词坛可谓异军突起，直启后来苏、辛的豪放词风；又能

妙入情语，不失词的传统风格。代表词作《渔家傲》、《苏幕遮》，词风苍凉豪放、感情强烈，为历代传诵。欧阳修曾称《渔家傲》为"穷塞外之词"。其散文以千古名篇《岳阳楼记》最为著名，其中的"先天下之忧而忧，后天下之乐而乐"为千古佳句，也是他一生爱国的写照。

岳阳楼记

范仲淹

原文

庆历四年春，滕子京谪守巴陵郡。越明年，政通人和，百废俱兴。乃重修岳阳楼，增其旧制，刻唐贤今人诗赋于其上。属予作文以记之。

予观夫巴陵胜状，在洞庭一湖。衔远山，吞长江，浩浩汤汤，横无际涯；朝晖夕阴，气象万千。此则岳阳楼之大观也，前人之述备矣。然则北通巫峡，南极潇湘，迁客骚人，多会于此，览物之情，得无异乎？

若夫霪雨霏霏，连月不开；阴风怒号，浊浪排空；日星隐耀，山岳潜形；商旅不行，樯倾楫摧；薄暮冥冥，虎啸猿啼。登斯楼也，则有去国怀乡，忧谗畏讥，满目萧然，感极而悲者矣。

至若春和景明，波澜不惊，上下天光，一碧万顷。沙鸥翔集，锦鳞游泳。岸芷汀兰，郁郁青青。而或长烟一空，皓月千里，浮光耀金，静影沉璧。渔歌互答，此乐何极？登斯楼也，则有心旷神怡，宠辱皆忘，把酒临风，其喜洋洋者矣。

嗟夫！予尝求古仁人之心，或异二者之为。何哉？不以物喜，不以己悲。居庙堂之高，则忧其民；处江湖之远，则忧其君。是进亦忧，退亦忧。然则何时而乐耶？其必曰："先天下之忧而忧，后天下之乐而乐"欤！噫！微斯人，吾谁与归？

译文

　　庆历四年的春天，滕子京被贬到巴陵郡任太守。到了第二年，政事顺利，人民安乐，各种荒废了的事业都兴办起来。于是他就重新修建岳阳楼，扩大了旧有的规模，把唐代贤人、当今名士的诗赋铭刻在楼上，嘱托我写篇文章来记述这件事。

　　我看到那巴陵郡的美好景致，都集中在洞庭湖上。它连着远处的山峦，吸纳奔腾的长江，浩浩荡荡，湖面辽阔无际。早晨旭日普照大地，傍晚暮霭凝聚，景象千变万化。这就是岳阳楼最壮观的景致啊，前人的描述已经是很具体、很全面的了。然而它北面连通着巫峡，南面延伸到潇湘，贬谪的官员和风雅的文士，常聚集在这儿。他们观赏景物的心情，大概会有不同吧？

　　且说在那阴雨连绵、数月不晴的日子里，寒冷的大风怒号狂叫，浑浊的波浪排击长空；日月星辰隐没了光芒，峰峦山陵潜藏起身形；商人旅客不能通行，桅杆倾倒，楫篙折断；傍晚笼罩着一片昏暗，猛虎长啸，哀猿悲啼。这时登上这座岳阳楼，就会想到自己远离朝廷，怀念家乡，担心遭到诽谤，害怕被讥讽，眼里看到的都是萧条的景象，顿时百感交集，充满无限伤悲。

　　那春光柔和、艳阳高照的季节，湖面上波平浪静水天相映，江面是一片碧绿。水鸟有时飞翔，有时栖落聚集在一起，鱼儿游来游去。岸边和小洲上的芳草，香气浓郁，十分茂盛。夜里，那满天烟雾消散，皓月当空，风起时银光浮动，水静时明月倒影犹如璧玉沉在湖中。渔歌此唱彼和，这种乐趣真是无穷！这时登上这座岳阳楼，便会心胸开阔，精神愉悦，恩宠和屈辱皆忘，手捧酒杯临风而立，心中满是喜悦啊。

　　啊！我曾经探求古代品德高尚的人的心情，发现有不同于上述两种状况的。这是为什么呢？因为他们不因美好的外物而欣喜，不因个人的遭遇而悲伤。在朝廷中身居高位，就为百姓忧虑；在山野中隐居，就为君王担心。这样进身为官也忧虑，退职归野也忧虑。那什么时候才会快乐呢？他们必定会说"在天下人忧虑之前先忧虑，在天下人快乐之后再快乐吧"！如果没有这样品德高尚的人，我还

能跟谁同道呢？

作品赏析

岳阳楼，在今湖南岳阳城西，面对洞庭湖，相传是唐朝初年建筑的，是文人墨客经常登临酬唱的场所。本文是作者应友人滕子京之约而作。它通过对一般"迁客骚人"局限在个人狭窄圈子里的感情的否定，提出了"先天下之忧而忧，后天下之乐而乐"的抱负。这种抱负在当时的历史条件下具有进步性。它是范仲淹在贬居生活中仍然坚持政治理想的自我鞭策，也是对遭到同样陷害的朋友们的勉励和鼓舞。

全文由扼要的叙事、生动的写景和简短的议论三部分组成。议论是文章的主旨所在，然而是通过着力的景物描写而突出主题的。篇中写阴雨、晴明的两段文字，用语凝练，形象富有特征性，达到了较高的艺术水平。

李觏（1009~1059），字泰伯，北宋建昌军南城（今属江西）人，是我国北宋时期一位重要的哲学家、思想家、教育家、改革家、诗人。李觏一生以教学为主，40岁那年由范仲淹荐为太学助教，后为直讲，所以后人称他为"李直讲"。李觏家在盱江边，他在此创办了盱江书院，所以又称"李盱江"，学者称他为盱江先生。

李觏是北宋中叶一位重要的唯物主义思想家。他认为事物的矛盾是普遍存在的，承认主观来自客观，是宋代哲学中唯物主义学派的先导，在我国哲学史上占有重要地位。他还是一位著作家，生前自编《退居类稿》12卷，《皇祐续稿》8卷。现存有《直讲李先生文集》（又称《盱江先生全集》）37卷。

袁州州学记

李觏

原文

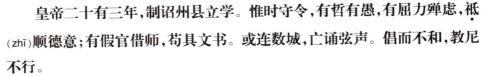

　　皇帝二十有三年，制诏州县立学。惟时守令，有哲有愚，有屈力殚虑，祗(zhī)顺德意；有假官借师，苟具文书。或连数城，亡诵弦声。倡而不和，教尼不行。

　　三十有二年，范阳祖君无泽，知袁州。始至，进诸生，知学宫阙状，大惧人才放失，儒效阔疏，亡以称上意旨。通判颍川陈君侁，闻而是之，议以克合。相旧夫子庙，狭隘不足改为，乃营治之东。厥土燥刚，厥位面阳，厥材孔良。殿堂门庑(wǔ)，黝垩(è)丹漆，举以法。故生师有舍，庖廪有次；百尔器备，并手偕作；工善吏勤，晨夜展力，越明年成。

　　舍菜且有日。盱江李觏(gòu)谂(shěn)于众曰："惟四代之学，考诸经可见已。秦以山西鏖(áo)六国，欲帝万世；刘氏一呼而关门不守，武夫健将，卖降恐后，何耶？《诗》、《书》之道废，人惟见利而不闻义焉耳。孝武乘丰富，世祖出戎行，皆孳(zī)孳学术；俗化之厚，延于灵、献。草茅危言者，折首而不悔；功烈震主者，闻命而释兵；群雄相视，不敢去臣位，尚数十年。教道之结人心如此！今代遭圣神，尔袁得圣君，俾尔由庠序践古人之迹。天下治，则谭礼乐以陶吾民；一有不幸，尤当仗大节，为臣死忠，为子死孝，使人有所赖，且有所法。是惟朝家教学之意。若其弄笔墨以徼利达而已，岂徒二三子之羞？抑亦为国者之忧。"

译文

　　皇帝二十三年，诏令各州、县设立学校。不过当时的知州、县令，有的贤明，

148

有的愚昧。有的竭尽心力，恭敬地执行天子的旨意；有的虚设教官的职务，却是徒具公文。以致有的一连几座州治、县城，没有读书奏乐的声音。朝廷倡议得不到响应，教化阻碍重重而无法推行。

三十二年，范阳人祖无泽，担任袁州知州。刚到任，便召见儒生，了解到州、县学校残破的情况，他很为人才散失、儒道被忽略轻视、不能符合君主的旨意而不安。袁州通判颍川人陈侁，听到祖无泽的话非常赞成，经过商讨，两人意见完全一致。他们视察了原来孔子的庙堂，认为地方窄狭不能改建成学舍，于是就在州城的东边营建。学舍的土地干燥坚实，学舍的位置阳光充足，建学舍的材料十分优良。大殿、正堂、门庭、廊屋的设置，各种颜色的装饰粉刷，都按照规矩进行。故而学生和先生各有自己的房舍，厨房、仓廪也位置适当。各种器材完备，大家一齐动手兴建。由于工匠技艺良好、官吏工作勤奋，日夜努力，第二年便全部竣工。

开学的典礼快要举行了。盱江李觏对众人说："那虞、夏、商、周四代的教育，其情形考察典籍就可以了解。秦朝以太行山以西的险要地势和六国争斗，想要称帝万代，刘邦振臂一呼，而函谷关的天险便不能据守，骁勇的将领们争先恐后地投降，这是为什么呢？就是因为诗书教化之道被废弃了，人们只顾私利而不知道道义啊。汉武帝凭借雄厚国力，光武帝出身于戎伍之中，都能致力于提倡学术。民俗风化的淳厚，一直延续到汉末灵帝、献帝之时。身居草莽而对朝政发表忠心言论的人，即使遭到杀身之祸也不懊悔。功劳很大威震君主的人，听到朝廷的诏命就马上交出兵权。群雄彼此观望，不敢轻易背叛君主，这种情况尚能维持数十年。教化之道能够维系人心竟如此之大。现今正逢圣明的君主，你们袁州又有一位贤能的长官，使你们能通过学校的教育，追随古人的足迹。天下大治之时，就发扬礼乐教化使民众受到陶冶；一旦不幸发生战乱，尤其立当保持高尚节操，作为臣子应为君王尽忠殉职，作为子孙应为祖先尽孝献身。使人们的精神有所寄托，行动有法度，这就是朝廷设教敦学的目的。如果只是舞文弄墨以谋求个人的利禄显达，这岂止是你们几个人的耻辱，也是治理国家者所忧虑的啊！"

青少年美绘版
经典名著书库
QINGSHAONIAN MEIHUIBAN
JINGDIAN MINGZHU SHUKU

作品赏析

　　《袁州州学记》叙述袁州学馆建造经过,并阐述了作者对立学兴教重要作用的看法。他认为,兴办学馆,弘扬儒教,可以"结人心",安国治天下,这是各级官员必须重视的一件大事。他还把一个王朝的盛衰原因归结为推行不推行儒学教化。作为一篇学记,能够从大处着眼,把兴办教育与振兴国家的命运联系在一起,可见作者目光之远大。本文结构清晰,文字省净,只是叙事和议论的转换略显机械,语言的节奏也略显生硬。

小百科 / XiaoBaiKe

　　乌台诗案是北宋年间的一场文字狱。"乌台"即御史台,因其官署内遍植松柏,乌鸦常栖息于上筑巢,故称乌台。乌台诗案源于御史中丞李定、舒亶、何正臣等人摘取苏轼《湖州谢上表》中相关语句和此前所作诗句,以谤讪新政的罪名逮捕苏轼,将其关进乌台4个月。这起案件由监察御史告发,后在御史台狱受审,所以史称此案为"乌台诗案"。

卷六 宋文

　　欧阳修(1007~1072),字永叔,号醉翁,晚号六一居士,吉州庐陵(今江西省吉安市)人,谥号"文忠",世称欧阳文忠公,北宋时期政治家、文学家、史学家和诗人。"唐宋八大家"之一。 其诗学李白,词崇冯延巳,都有较高成就。

　　欧阳修在文学创作上的成就以散文为最。苏轼评其文说:"论大道似韩愈,论事似陆贽,纪事似司马迁,诗赋似李白。"但欧阳修并不一味模仿,而是在特定角度上进行了前所未有的开拓。其代表作《秋声赋》与苏轼的《赤壁赋》媲美,流传千古。

五代史伶官传序

欧阳修

 原文

　　呜呼!盛衰之理,虽曰天命,岂非人事哉!原庄宗之所以得天下,与其所以失之者,可以知之矣。

　　世言晋王之将终也,以三矢赐庄宗,而告之曰:"梁,吾仇也;燕王,吾所立;契丹,与吾约为兄弟,而皆背晋以归梁。此三者,吾遗恨也。与尔三矢,尔其无忘乃父之志!"庄宗受而藏之于庙。其后用兵,则遣从事以一少牢告庙，请其矢，盛以锦囊，负而前驱，及凯旋而纳之。

方其系燕父子以组，函梁君臣之首，入于太庙，还矢先王，而告以成功，其意气之盛，可谓壮哉！及仇雠（chóu）已灭，天下已定，一夫夜呼，乱者四应，仓皇东出，未及见贼而士卒离散，君臣相顾不知所归。至于誓天断发，泣下沾襟，何其衰也！岂得之难而失之易欤？抑本其成败之迹，而皆自于人欤？《书》曰："满招损，谦受益。"忧劳可以兴国，逸豫可以亡身，自然之理也。故方其盛也，举天下之豪杰莫能与之争；及其衰也，数十伶人困之而身死国灭，为天下笑。夫祸患常积于忽微，而智勇多困于所溺，岂独伶人也哉，作《伶官传》。

译文

　　唉！昌盛与衰败的道理，虽说有天命决定的因素，难道就没有人为的因素吗？探求唐庄宗之所以获得天下以及他所以失去天下的缘故，就可以明白这个道理了。

　　世人传说晋王将要逝世之际，拿了三支箭赐给庄宗，并且嘱告他说："梁是我的仇家；燕王是我扶持起来的；契丹曾和我邦订立盟约，结为兄弟，可他们却都背叛了晋国而归附了梁朝。这三件事，是我来不及解决而遗留下来的憾事啊。给你这三支箭，你不要忘记你父亲的心愿！"庄宗接受了，并把箭保藏在祖庙里。其后他一出兵作战，就派遣办事人员用一羊一猪做祭品，到祖庙里去祷告，请出那三支箭来，用锦囊盛起，背在身上，走在队列的前面，等到胜利归来后，再把箭放回祖庙里。

　　当他用绳子捆绑起燕王父子，用匣子盛着梁朝君臣的头颅，进入祖庙，把箭放回先王灵位之前，报告胜利的消息时，那意气的旺盛，可以说是很豪壮的了！待到仇敌已消灭，天下已经平定，仅仅一个人在夜间呐喊，叛乱者就四下里响应，庄宗慌慌张张向东逃出，还没碰见乱贼，官兵们就离散了，君臣们互相瞧着，不知道投奔到哪里是好，以至于对天盟誓，剪断头发，眼泪浸湿了衣襟，这是何等衰颓啊！难道说是"获得艰难而失掉容易"才这样的吗？还是探究其成败的原因，结果都是与人事有关呢？《尚书》说："满足会招来损失，谦虚能得到增益。"警惕与勤劳可以使国家兴盛，安逸和享乐可以使性命丧失，这是自然的道理嘛。因此当他强盛时，所有天下的豪杰没有竞争得过他的；等他衰颓时，只几十个乐工围困他，就会使他丧命亡国，被全天下人讥笑。由此可见，祸患常常是在细微小事上积累起来的，即使是聪明勇敢的人也会被自己溺爱的东西所困，难道仅仅是乐工一种事吗？于是作《伶官传》。

作品赏析

　　《五代史》指由欧阳修编撰的《新五代史》，是一部记录后梁、后唐、后晋、后汉、后周五个朝代历史的史籍。欧阳修在纪传的前后，多有序论，用来评点史事，抒发感慨，其体例当源于《史记》中的"太史公曰"。此篇传序借后唐庄宗宠幸伶官(乐官)反受其祸一事，对庄宗的成败作了深刻的剖析，得出了"忧劳可以兴国，逸豫可以亡身"的反天命史观，并对统治者发出了防微杜渐、力戒私欲的告诫，这在当时是难能可贵的。序前段叙事，后段议论，善于抓住一兴一亡的对比，反复说明，文简短而有力，语精练而富有感情，历来为散文家所推崇。

醉翁亭记

欧阳修

原文

　　环滁皆山也。其西南诸峰，林壑尤美。望之蔚然而深秀者，琅琊也。山行六七里，渐闻水声潺潺，而泻出于两峰之间者，酿泉也。峰回路转，有亭翼然临于泉上者，醉翁亭也。作亭者谁？山之僧智仙也。名之者谁？太守自谓也。太守与客来饮于此，饮少辄醉，而年又最高，故自号曰醉翁也。醉

翁之意不在酒,在乎山水之间也。山水之乐,得之心而寓之酒也。

若夫日出而林霏开,云归而岩穴暝,晦明变化者,山间之朝暮也。野芳发而幽香,佳木秀而繁阴,风霜高洁,水落而石出者,山间之四时也。朝而往,暮而归,四时之景不同,而乐亦无穷也。

至于负者歌于途,行者休于树,前者呼,后者应,伛偻提携,往来而不绝者,滁人游也。临溪而渔,溪深而鱼肥;酿泉为酒,泉香而酒洌。山肴野蔌,杂然而前陈者,太守宴也。宴酣之乐,非丝非竹。射者中,弈者胜,觥(gōng)筹交错,起坐而喧哗者,众宾欢也。苍颜白发,颓然乎其间者,太守醉也。

已而夕阳在山,人影散乱,太守归而宾客从也。树林阴翳(yì),鸣声上下,游人去而禽鸟乐也。然而禽鸟知山林之乐,而不知人之乐;人知从太守游而乐,而不知太守之乐其乐也。醉能同其乐,醒能述以文者,太守也。太守谓谁? 庐陵欧阳修也。

译文

环绕着滁州城的都是青山。其中西南面的几座山峰中,丛林溪谷尤其优美。远远望去,草木茂盛而幽深秀丽的,就是琅琊山。沿着山道走六七里路,就渐渐听到潺潺水声,那从两峰之间倾泻而下的,就是酿泉。山势回环,从迂回的山道上转过去,有一座亭子宛如飞鸟展翅似的坐落在泉水边上,这就是醉翁亭。建造这亭子的是谁? 是山上的和尚智仙。给亭命名的是谁? 是太守把自己的别号作为亭名。太守和宾客们来这里宴会饮酒,只喝一点儿就醉了,加上年纪又数他最大,所以才为自己起了个别号叫"醉翁"。醉翁的意趣不在于饮酒,而是在于欣赏山水的美景。游玩山水的乐趣,是领会在心而寄托在酒上的。

当那旭日升起后,山林中雾气消散,傍晚烟云聚拢,岩洞中幽暗莫辨,昏暗与明朗交替变化,这是山中黎明和黄昏的景象。野花开放散发着清香,美好的树木伸枝展叶形成浓密的绿荫,天高风爽,霜露洁白,溪水低落而岩石露出,这是山中的四季变化。清晨上山,傍晚归来,四季的风景各不相同,那游赏乐趣也就

无穷无尽。

至于那些背着东西的人在路上唱歌,行人走累了在树下歇息,走在前边的招呼着,落在后头的答应着,还有行人领着那驼背弓腰的老人、牵着孩子等等,来来往往而不间断的,这是滁州百姓来此游玩。到溪水里捕鱼,溪水很深,鱼很肥;用酿泉的水造酒,泉水芳香,酒浆纯净。从山林中猎取的野味和田野里采摘的蔬菜交错着在面前摆着,这是太守主办的宴席。宴会上纵情畅饮的乐趣,不在于弹奏的音乐。投壶的人投中了,下棋的得胜了,只见酒杯和酒筹交互错杂,时而站起来时而坐下去大声喧闹,这是客人们在尽情欢乐。其中面容苍老、头发银白、倾倒在他们中间的,是醉了的太守。

过了不久,夕阳落在山头上了,人们拖着长影子散乱地走着,这是太守回城了,而宾客们跟着同归。这时树林阴暗下来,树上一片鸣叫声,这是游人离去而鸟儿在欢唱。但是鸟儿只知道山林中的快乐,却不知道人们的快乐;人们只知道伴随太守游玩的快乐,却不知道太守是以能使他们快乐而快乐的啊!在酣醉中能和众人共同快乐,醒后又能写文章叙述这些的,就是太守。太守是谁呢?是庐陵欧阳修。

作品赏析

本篇作于宋仁宗庆历六年(1046)。当时作者任滁州知州。醉翁亭在今安徽滁州市西南。本篇着重写滁州的"山水之乐"、"游人之乐"和"太守之乐"。作者写"游人之乐",为的是从侧面赞美自己在滁州的政绩,这是他"太守之乐"的原因和内容,表现他所谓"与民同乐"的思想。而写"山水之乐",则又主要表现他贬官后寄情山水、排遣愁怀的生活态度。"乐"是贯穿全篇的中心,而这三种"乐"又是密切相关的。

本篇在"记"这种文体中很有特色。一是骈偶句的大量运用,但又长短错落而不呆板,并夹有散句,形成似骈非骈、似散非散的风格;二是全篇都是陈述句,并以二十一个"也"字做句尾,形成一种别致的吟哦句调,使这篇散文特别宜于朗诵。

秋声赋

欧阳修

原文

欧阳子方夜读书，闻有声自西南来者，悚然而听之，曰："异哉！"初淅沥以萧飒，忽奔腾而砰湃，如波涛夜惊，风雨骤至。其触于物也，铮（cōng）铮铮铮，金铁皆鸣；又如赴敌之兵，衔枚疾走，不闻号令，但闻人马之行声。予谓童子："此何声也？汝出视之！"童子曰："星月皎洁，明河在天，四无人声，声在树间。"

予曰："噫嘻，悲哉！此秋声也。胡为乎来哉？盖夫秋之为状也，其色惨淡，烟霏云敛；其容清明，天高日晶；其气栗冽，砭人肌骨；其意萧条，山川寂寥。故其为声也，凄凄切切，呼号奋发。丰草绿缛而争茂，佳木葱茏而可悦。草拂之而色变，木遭之而叶脱，其所以摧败零落者，乃一气之余烈。

"夫秋，刑官也，于时为阴；又兵象也，于行为金。是谓天地之义气，常以肃杀而为心。天之于物，春生秋实。故其在乐也，商声主西方之音；夷则为七月之律。商，伤也，物既老而悲伤；夷，戮也，物过盛而当杀。

"嗟乎！草木无情，有时飘零。人为动物，惟物之灵。百忧感其心，万事劳其形；有动乎中，必摇其精；而况思其力之所不及，忧其智之所不能；宜其渥然丹者为槁木；黟然黑者为星星。奈何以非金石之质，欲与草木而争荣？念谁为之戕（qiāng）贼，亦何恨乎秋声？"

童子莫对，垂头而睡。但闻四壁虫声唧唧，如助予之叹息。

译文

欧阳子夜间正在读书，听到有种声音一阵阵从西南方传来，于是他吃惊起

来倾听着，说道："好奇怪啊！"初起时淅淅沥沥又萧萧飒飒，忽然间就狂跑乱跳似的汹涌澎湃，好像波涛在黑夜里惊骇得巨浪翻滚，宛如狂风暴雨突然而来一样。它碰撞在物件上，就叮叮咚咚，声音像铜甲和钢刀磕碰，又好似那偷袭敌营的士兵，悄悄地含着禁枚奔跑，不闻发号施令，只听见千军万马出征的步伐声。我对书童说："这是什么声音啊？你出去看看！"书童回来说："月亮洁白，星光闪闪，银河高高挂在青天，四下里没有人声，这奇怪的声音发生在那树梢的叶子中间。"

我说道："哎呀，真令人悲伤啊！这就是'秋声'嘛。为什么它要来呢？要说秋天的情状是这样的，它的颜色惨淡，烟雾飞扬，云气收敛；它的相貌清明，天高并且太阳也光色晶莹；它的空气凛冽，使得皮肤筋骨像针刺似的难过；它的情调萧条，使得山河大地一片寂寥。所以它发出的声音啊，惨惨凄凄，又呼又喊像人们在发怒。茂盛的花草绿油油地互相竞赛，漂亮的树木葱茏可爱，但是那花草触到它颜色就改变，树木遇到它叶子就掉下来，它们所以被摧败零落，不过是遇到了秋气的余威罢了。

"这个'秋'，是代表执法官的职能的，在季节中是配属于'阴'；又体现为军事现象，在'五行'中属'金'。它就是被称做天地间的'义'气，常常以严厉和收敛为己任。大自然对待万物，就是使它春天生长秋季结果而完结的。所以秋在音乐领域里，商声是以象征西方为主的音调；夷则是与七月份相应的乐律。'商'，就是伤啊，万物衰老就悲伤了；'夷'，就是杀戮啊，事物发展过盛，就应当杀戮了。

"唉！草木没有感情，尚且不免按时飘落凋零。人作为动物，唯有他是万物之灵。千百种忧虑干扰他的心，种种事情劳累他的身体，只要有什么触动于胸怀，必然要损耗他的精力。又何况要去思索他力所不能解决的问题，忧虑那些智力所不能及的事情？这必然会使容光焕发的红颜变成干枯的木头，漆黑的头发化为斑斑白发。为什么用不是金石般的体质，去和花草树木争荣盛呢？应该好好考虑是谁危害我们，又何必怨恨这外来的秋声？"

书童不能答对，垂头昏昏而睡。只听得满屋里昆虫鸣声唧唧，好像陪伴我一块儿不停地叹息。

作品赏析

　　赋是从《楚辞》发展而成的传统诗体之一。经过"汉赋"、魏晋时的"抒情小赋"直到唐朝"律赋"的曲折发展，赋的创作已颇为沉寂。发展到宋朝，开始逐渐散文化，但仍沿用传统的铺张排比手法，讲究词采，杂以骈偶、韵语，成为一种类似散文诗的赋。

　　本篇作于宋仁宗嘉祐四年（1059）。时作者在开封任翰林学士兼龙图阁学士、知制诰、史馆修撰等职，年已53岁。文章先以"秋声"为引子，继而抒写草木被秋气摧败的悲凉，最后以有情的人类和无情的草木作对比，说明人类为忧思所苦更易衰颓。

　　苏洵（1009~1066），眉州眉山（今属四川）人，字明允，号老泉，北宋散文家。与其子苏轼、苏辙合称"三苏"，均被列入"唐宋八大家"。屡次应试不举，经韩琦荐任秘书省校书郎、文安县主簿。长于散文，尤擅政论，议论明畅，笔势雄健。著有《嘉祐集》。

　　苏洵到27岁才开始发愤读书，闭门苦读十多年，终学业大进。仁宗嘉祐元年（1056），他带领苏轼、苏辙到汴京，拜见翰林学士欧阳修。欧阳修很赏识他的才华，对他的《权书》、《衡论》、《几策》等文章赞赏有加，于是向朝廷推荐。嘉祐三年，仁宗召他到舍人院参加考试，他推托，不肯应诏。嘉祐五年，任秘书省校书郎。后与陈州项城（今属河南）县令姚辟同修礼书《太常因革礼》。书成不久即去世，追赠光禄寺丞。

　　苏洵是个极具政治抱负的人。他作文的主要目的是言当世之要，论文见解多且精辟，在《衡论》和《上皇帝书》等重要议论文中，他提出了一整套政治革新的主张。他主张尚威，加强吏治。许多观点切中时弊。苏洵在军事上也有许多独到见解，苏洵的《权书》10篇、《几策》中的《审敌》篇、《衡论》中的《御将》和《兵制》篇，还有《上韩枢密书》、《制敌》和《上皇帝书》，都论述了军事问题。苏洵的散文论点鲜明，论据有力，语言锋利，纵横恣肆，具有雄辩的说服力。

心术

苏洵

原文

　　为将之道，当先治心。泰山崩于前而色不变，麋(mí)鹿兴于左而目不瞬，然后可以制利害，可以待敌。

　　凡兵，上义；不义，虽利勿动。非一动之为利害，而他日将有所不可措手足也。夫惟义可以怒士，士以义怒，可与百战。

　　凡战之道，未战养其财，将战养其力，既战养其气，既胜养其心。谨烽燧，严斥堠，使耕者无所顾忌，所以养其财；丰犒而优游之，所以养其力；小胜益急，小挫益厉，所以养其气；用人不尽其所欲为，所以养其心。故士常蓄其怒，怀其欲而不尽。怒不尽则有余勇，欲不尽则有余贪。故虽并天下，而士不厌兵。此黄帝之所以七十战而兵不殆也。不养其心，一战而胜，不可用矣。

　　凡将欲智而严，凡士欲愚。智则不可测，严则不可犯。故士皆委己而听命，夫安得不愚？夫惟士愚，而后可与之皆死。

　　凡兵之动，知敌之主，知敌之将，而后可以动于险。邓艾缒兵于蜀中，非刘禅之庸，则百万之师可以坐缚，彼固有所侮而动也。故古之贤将，能以兵尝敌，而又以敌自尝，故去就可以决。

　　凡主将之道，知理而后可以举兵，知势而后可以加兵，知节而后可以用兵。知理则不屈，知势则不沮，知节则不穷。见小利不动，见小患不避；小利小患不足以辱吾技也，夫然后有以支大利大患。夫惟养技而自爱者，无敌于天下。故一忍可以支百勇，一静可以制百动。

　　兵有长短，敌我一也。敢问："吾之所长，吾出而用之，彼将不与吾校；吾之所短，吾蔽而置之，彼将强与吾角，奈何？"曰："吾之所短，吾抗而暴之，使之疑而却；吾之所长，吾阴而养之，使之狎而堕其中。此用长短之术也。"

善用兵者，使之无所顾，有所恃。无所顾，则知死之不足惜；有所恃，则知不至于必败。尺棰当猛虎，奋呼而操击；徒手遇蜥蜴，变色而却步，人之情也。知此者，可以将矣。袒裼(tì)而案剑，则乌获不敢逼；冠胄衣甲，据兵而寝，则童子弯弓杀之矣。故善用兵者以形固。夫能以形固，则力有余矣。

译文

做将领应遵循的原则，应该是首先作好有关精神、意志的培养。能做到泰山崩塌在前而面不改色，小鹿跑跳于身旁连眼睛都不眨一下，然后才可以控制利弊，可以对待敌军。

大凡用兵打仗都崇尚正义，如果违背正义，虽对自己有利也不要行动。并非一切战争都是为了利害，而是为了以后不致因此事而手足无措。只有正义能够激怒士兵，士兵因为正义而被激怒时，可以带领他们作战百次。

大凡带兵作战的原则，未战之时要发展生产储备物资，战前要培养士兵的战斗力，战争进行时要保持士兵的锐气，胜利之后还要激发他们的进取精神。谨慎管好烽火台的预警工作，加强放哨、瞭望的戒备，以使耕田的没有顾虑而放心生产，这就增加了物资储备；供给优厚多加犒赏，而又使士兵放松休养，这就培养了他们的战斗力；遇到小胜利更加急切地督责，遇到小挫折更要加强对士兵的激励工作，这就能保持士兵的锐气；用人不要满足他们所有的愿望和行为，这就能激发士兵的进取精神。所以要求士兵经常保持其同仇敌忾之心，永远抱着希望而不全部满足。同仇敌忾之心不消就勇气有余，希望不全部满足则贪心不尽。因此，即使是指挥他们兼并天下，士兵们也是不会厌战的。这就是黄帝经过七十场战争，他的士兵也不疲惫懈怠的缘故。倘若不培养其进取心，战胜一次就不中用了。

凡当将领要有智谋和威严，凡是士兵则要使之愚昧。明智则不可测度，威严则不可冒犯。因此士兵就都能为之献身而听从命令，如果这样要求，怎能让他们不愚昧呢？只有使士兵愚昧了，然后才可以和他们去同生共死。

凡采取军事行动，要先了解敌方的首领、敌军将领的情况，然后才敢于冒险行事。邓艾用绳子拴挂士兵越悬崖的办法暗运军队到蜀地，如果不是刘禅昏庸的话，那么就算开来百万大军，也可以轻而易举把他们捆绑起来。那邓艾原是知道刘禅君臣可以欺侮，所以才搞这一行动。因此古来的优秀将领，能够用一部分队伍去试探敌人，也能够以敌军来检验自己，所以对何去何从敢于作出决断。

凡做主帅的要领，要懂得军事原理才可以出兵作战，懂得敌我两方形势才可以参加战斗，懂得有所节制才可以指挥军队。知道原理则不会遭受屈辱，知道形势就不会灰心，知道节制则不至于走上绝路。见小利不要妄动，见小害不躲避；小利小害，不值得我们使用重要技能，这样才可以对付大利大害。只有那保持自己的技能而又知道爱护者，才能无敌于天下。因此，一个"忍"字可以对付各种无谋的勇敢，一个"静"字可以制服各种轻率的举动。

凡军队都有长处和短处，这在敌我都是一样的。试问："我的长处，我拿来用它，敌将不和我较量；我的短处，我隐蔽搁置起来，对方将强迫与我们较量。怎么办？"我们说："我的短处，我偏要高举出来暴露给敌将，使他迷惑猜疑而退回；我的长处，我却要隐藏起来而庇护着，使他掉以轻心，因麻痹大意而掉到我的手里。这就是使用长处、短处的方法。"

善于用兵的，既要使士兵无所顾虑，又要有所依靠。没有什么顾念挂心的，就知道战死是不足惜的；有所仗恃，则相信我军决不会失败。拿着一尺来长的木棍碰上猛虎，就会奋力呼喊着抢起来就打；空着手遇上蜥蜴，却会吓得脸面改色不敢举步，这是人之常情。明白这个道理，就可以带兵了。光着膀子手持利剑，就是乌获也不敢靠近；戴着头盔穿着护甲，伏在兵器上睡觉，就是个儿童也能拉弓射死他。因此，善于用兵的会利用形势来巩固自己。只要善用形势来巩固加强自己，力量就会绰绰有余了。

作品赏析

兵家云："运用之妙，存乎一心。"是说战争中战略战术的运用，全靠将领的创造性发挥。由此可见，"心"之作用，在用兵打仗的过程中是极其重要的。文章共分八段，分别论述了包括将领的治军原则、作战中的战略战术等各种问题。各段之间看似互不相连，其实都紧紧围绕着一个中心，即"为将之道，当先治心"。而各节阐发的精辟思想，又可为用兵者所借鉴。其中除了关于士兵"欲愚"一点反映了作者"上智下愚"的时代局限外，其他观点，今天看来仍具有借鉴作用。

苏轼(1037~1101)，字子瞻，号东坡居士。眉州眉山(今属四川)人，北宋著名散文家、书画家、词人、诗人，与父苏洵、弟苏辙合称"三苏"。与欧阳修并称"欧苏"，为"唐宋八大家"之一；与黄庭坚并称"苏黄"；与辛弃疾并称"苏辛"；与黄庭坚、米芾、蔡襄并称"宋四家"。

贾谊论

苏 轼

原文

非才之难，所以自用者实难。惜乎！贾生，王者之佐，而不能自用其才也。

夫君子之所取者远，则必有所待；所就者大，则必有所忍。古之贤人，皆负可致之才，而卒不能行其万一者，未必皆其时君之罪，或者其自取也。

愚观贾生之论，如其所言，虽三代何以远过？得君如汉文，犹且以不用死。然则是天下无尧舜，终不可有所为耶？仲尼圣人，历试于天下，苟非大无道之国，皆欲勉强扶持，庶几一日得行其道。将之荆，先之以冉有，申

之以子夏。君子之欲得其君，如此其勤也。孟子去齐，三宿而后出昼，犹曰："王其庶几召我。"君子之不忍弃其君，如此其厚也。公孙丑问曰："夫子何为不豫？"孟子曰："方今天下，舍我其谁哉？而吾何为不豫？"君子之爱其身，如此其至也。夫如此而不用，然后知天下之果不足与有为，而可以无憾矣。若贾生者，非汉文之不能用生，生之不能用汉文也。

夫绛侯亲握天子玺而授之文帝，灌婴连兵数十万，以决刘、吕之雌雄，又皆高帝之旧将，此其君臣相得之分，岂特父子骨肉手足哉？贾生，洛阳之少年，欲使其一朝之间，尽弃其旧而谋其新，亦已难矣。为贾生者，上得其君，下得其大臣，如绛、灌之属。优游浸渍而深交之，使天子不疑，大臣不忌，然后举天下而唯吾之所欲为。不过十年，可以得志。安有立谈之间，而遽为人"痛哭"哉？观其过湘为赋以吊屈原，萦纡(yū)郁闷，趯(yuè)然有远举之志。其后以自伤哭泣，至于夭绝。是亦不善处穷者也。夫谋之一不见用，则安知终不复用也？不知默默以待其变，而自残至此。呜呼！贾生志大而量小，才有余而识不足也。

古之人，有高世之才，必有遗俗之累。是故非聪明睿智不惑之主，则不能全其用。古今称苻坚得王猛于草茅之中，一朝尽斥去其旧臣而与之谋，彼其匹夫略有天下之半，其以此哉！

愚深悲生之志，故备论之。亦使人君得如贾生之臣，则知其有狷介之操，一不见用，则忧伤病沮，不能复振。而为贾生者，亦谨其所发哉！

译文

并不是培养才能困难，而是怎样很好地运用自己的才能不容易。可惜的是，贾生本应是个辅佐帝王的贤臣，却不善于运用自己的才能啊。

作为一个君子，所要求取得的成就是深远的，那就必须等待时机；所要建立的功业是巨大的，那就必须有所忍耐。古来的贤能人士，都具有建功立业的才干，但最终能发挥才能的不过万分之一，那缘故，未必都是当时君主的过错，或许是他们自己造成的。

　　我看贾生的议论，如果实现了他所说的，即使是三代盛世又怎能超过呢？得到了像汉文帝这样的贤明君主，尚且不被重用而抑郁死去。那么天下如没有尧舜一般的圣君，就不可有所作为了吗？孔仲尼是圣人，尚且因试求任用遍历了天下列国，只要不是过于无道的邦国，都想尽力扶持它，希望有朝一日得以实行自己的主张。将要到楚国去，先派遣了冉有去接洽，随后又派遣子夏去。君子企求获得君主的信任，是这样的勤勤恳恳啊。孟子离开齐国，连住了三夜才从淹留的昼邑出境，尚且说："齐王可能要召回我的。"君子不忍心离开自己的君主是这样的情深意厚啊！公孙丑提问道："先生为什么不愉快呢？"孟子说："如今的天下，除了我还有谁呢，我为什么会不愉快？"君子对个人的自重自爱是这样的珍惜啊。倘若这样做了还得不到任用，然后才真的知道天下果然是不能够有所作为，这才可以扪心自问而无遗憾。像贾生这样，并不是汉文帝不重用他，而是他本人不能让汉文帝很好地使用。

　　绛侯周勃是亲手捧着天子玉玺授予汉文帝的，灌婴则是聚集大军几十万人，起了决定刘氏和吕家胜败作用的，而且又都是汉高帝时的老将领。这种君臣相知相亲的情分，难道仅仅是父子骨肉手足的关系可比吗？贾生不过是洛阳的一个年轻人，却想在一朝之间，使天子舍弃全部旧的而谋求新的，也就太困难了吧。作为贾生来说，应该从上面争取君主，下面团结大臣，如绛侯、灌婴等人。从容地去浸润、去熏染，从而深深地结交他们，使天子不猜疑，大臣不忌惮，然后可以使全天下都照着自己的主张办。不出十年，理想就可以实现了。哪里有在短时间的交谈后，就立即为人家痛哭流涕、长叹息的呢？看他经过湘江时，作辞赋以凭吊屈原，萦回忧郁，跃然有离世而高飞远逝的愿望。其后又因自怨自艾而常常哭泣，以至于夭折而死。这样做也是不善于正确对待逆境的缘故啊。况且个人的建议一次不被采用，怎么知道就永远不再被采用呢？不知道静静地等待情况的变化，以至于自我摧残到这种地步。唉，贾生志向远大而气量狭小，才学丰富而见识不足啊。

　　自古以来的人们，如果具有出类拔萃的才能，必定会有被世俗厌弃的毛病。因此，若非聪明智慧而不疑惑的君主，则不能充分发挥他们的才能。从古至今都称道苻坚在茅屋篱舍间得到王猛后，不久就撇下自己的老部属而只和他谋划治理国家的大事。苻坚不过是一个平常的男子,居然差不多占有了天下的一半,就是因为他能够这样做的缘故吧。

我深深地惋惜贾谊未能实现自己的志向,所以才全面地来评论他。也希望做君主的如得到像贾生这样的臣属,能够理解到性情孤独、器量狭小的人,一旦得不到重用,就会忧郁、悲伤、难过、沮丧,不能再振作了。而作为像贾生这样的人,也应慎重地处世,慎重地考虑发表政见啊。

作品赏析

西汉初年的年轻政治家和文学家贾谊,自司马迁以后,历代评论家都对他怀才不遇、英年早逝寄予同情。但苏轼在此文中却批评他不能自用其才,认为他志大而量小,才有余而识不足,求成操之过急。并借此提出自己的观点,即政治家想实现自己的远大理想,应当善于等待时机;要做成宏大事业,就必须经得住逆境的折磨考验。作者认为做到这一点是不容易的,但是并非没有人做到。不过苏轼没有谈到贾谊遭到排挤的根本原因,是他向文帝所提出的一系列建议触犯了大臣贵族的利益。

前赤壁赋

苏 轼

原文

壬戌之秋,七月既望,苏子与客泛舟游于赤壁之下。清风徐来,水波不兴。举酒属客,诵明月之诗,歌窈窕之章。少焉,月出于东山之上,徘徊于斗牛之间。白露横江,水光接天。纵一苇之所如,凌万顷之茫然。浩浩乎如冯虚御风,而不知其所止;飘飘乎如遗世独立,羽化而登仙。

于是饮酒乐甚，扣舷而歌之。歌曰："桂棹兮兰桨，击空明兮溯流光。渺渺兮予怀，望美人兮天一方。"客有吹洞箫者，依歌而和之。其声呜呜然，如怨如慕，如泣如诉，余音袅袅，不绝如缕，舞幽壑之潜蛟，泣孤舟之嫠(lí)妇。

苏子愀然，正襟危坐而问客曰："何为其然也？"

客曰："'月明星稀，乌鹊南飞'，此非曹孟德之诗乎？西望夏口，东望武昌，山川相缪，郁乎苍苍，此非孟德之困于周郎者乎？方其破荆州，下江陵，顺流而东也，舳舻(zhóu lú)千里，旌旗蔽空，酾酒临江，横槊赋诗，固一世之雄也，而今安在哉？况吾与子渔樵于江渚之上，侣鱼虾而友麋鹿，驾一叶之扁舟，举匏(páo)樽以相属。寄蜉蝣于天地，渺沧海之一粟。哀吾生之须臾，羡长江之无穷。挟飞仙以遨游，抱明月而长终。知不可乎骤得，托遗响于悲风。"

苏子曰："客亦知夫水与月乎？逝者如斯，而未尝往也；盈虚者如彼，而卒莫消长也。盖将自其变者而观之，则天地曾不能以一瞬；自其不变者而观之，则物与我皆无尽也，而又何羡乎？且夫天地之间，物各有主，苟非吾之所有，虽一毫而莫取。惟江上之清风，与山间之明月，耳得之而为声，目遇之而成色，取之无禁，用之不竭，是造物者之无尽藏也，而吾与子之所共适。"

客喜而笑，洗盏更酌。肴核既尽，杯盘狼藉。相与枕藉乎舟中，不知东方之既白。

译文

壬戌年秋天的七月十六日，我和客人在赤壁下乘船漫游。清风徐徐吹来，江面上水波平静。于是我举酒敬客，朗诵明月之诗，歌吟窈窕之章。一会儿，月亮从东面的山上升起，徘徊在斗牛两星宿之间。银白的霜露在江上弥漫，波光闪闪，与青天相连。我们任凭这一片苇叶似的小船漂荡，浮游在茫茫无边的江面。江面多么浩瀚啊，船儿宛如凌空乘风，不知停在何处；飘飘摇摇啊，我们好似离开人间而独立，生了翅膀变成神仙。

在这里，我们越喝越高兴，就敲击船舷唱起歌来。唱道："桂木做的棹啊兰木做的桨，击打着清澈透明的江水，迎头穿过那流荡的波光。我的情怀啊深远缥缈，远望那美人啊在天的那一方。"客人中有位会吹洞箫的，随着歌声伴奏起来。那声音呜呜咽咽，既像怨恨又像爱慕，宛如哭泣又如倾诉，余音袅袅，恰似细而不断的丝缕，这箫声使潜伏在幽深洞穴的蛟龙起舞，使孤零零小船上的寡妇哭泣。

我不禁感伤起来，理一理衣襟，挺直身子坐着，问客人道："为什么箫声这样凄凉呢？"

客人答道："'月儿亮了星儿稀，乌鸦喜鹊向南飞'，这不是曹操的诗句吗？西望夏口，东望武昌，山河缭绕，草木茂盛，这不是曹操被周郎围困的地方吗？当年他攻破荆州，出兵江陵，顺流东进的时候，战舰千里相连，旗帜遮住了天空，临江洒酒，横握长矛吟诗，真是一代英雄啊，但是如今他在哪儿呢？何况我和您不过是在江上和沙洲中打柴捕鱼，我们和鱼虾为伴，同麋鹿交友。乘着一叶扁舟，举着葫芦瓢来互相敬酒。我们像蜉蝣一样把短暂生命寄存在永远不老的天地，渺小得如同沧海中的一粒小米。哀叹我们生命的短暂，羡慕那长江流水的无穷。希望拉着神仙一起遨游，抱着明月而永生。既然知道不能马上实现，只好把这袅袅的箫声托付于悲凉的秋风。"

我对客人说道："您也知道那水和月亮吗？像这流水不断流淌，其实并没有流去；犹如那有圆有缺的月亮，可是没有一点增减啊。因为如果从事物变化的角度来观察它，天地万物在一眨眼的时间内也不会保持原样；若从不变的方面来看它，那么万物和我都是永恒存在的，又何必羡慕水和月亮呢？再说这天地之间，物各有自己的主宰，只要不归我所有，那就丝毫也不能取用。只有江上的清风与山间的明月，耳朵听到了就成为悦耳的声音，眼睛看见了就成为悦目的颜色；获取它们没有禁令，享用它们不会完尽，这是上天赐予我们的无穷无尽的宝藏啊，这些是我和您能共同享受的东西。"

客人高兴地笑了，洗洗酒杯又喝起酒来。菜肴和果品吃光了，杯子盘子乱放乱摆，大家挨挤着睡在船上，不知道东方已经发白。

作品赏析

宋神宗元丰三年(1080)，苏轼因反对新法而被贬到黄州做团练副使（名义上是管理地方军事的助理官）。这篇赋是在度过了两年多苦闷贫困的谪居生活以后，于元丰五年七月十六日写的，它反映了作者当时复杂、矛盾的心情。在长江、汉水流域，共有五个地方叫赤壁。三国"赤壁之战"旧址，一般认为是在今湖北嘉鱼东北。但本文苏轼所游赤壁，是今湖北黄冈的赤壁矶，两者并非一地。

全文以作者感情的三个起伏分成三个段落。先从清风和明月交织的江山美景中，写出作者被逗引起的"羽化而登仙"的超然之乐；继而从对历史人物的凭吊中，又跌入了现实人生的苦闷；最后仍从眼前景物立论，阐发了"变"与"不变"的哲理，在旷达乐观中得到解脱。赋中的主客对话实际上是诗人的内心独白，这是对赋的传统手法的灵活运用，也是为表达作者思想感情的波折、挣扎和解脱过程服务的。苏轼这种齐物我、等荣辱、同死生的处世哲学，对于一部分在政治上失意的旧时士人来说，具有一定的典型性：既使他们能在受到政治打击后仍不厌世，保持乐观的精神；也会导致产生纵情山水、得过且过的避世倾向。

王安石(1021~1086)，字介甫，号半山，小字獾郎，临川人(今江西省东乡县上池村人)，晚年封荆国公。北宋杰出的政治家、思想家、文学家、改革家，与韩愈、柳宗元、欧阳修、苏洵、苏轼、苏辙、曾巩并称"唐宋八大家"。逝世后追谥为"文"，世人称其为王文公。王安石一生致力于改革变法，推行新法。其政治变法对北宋后期社会经济具有很深的影响，已具备近代变革的特点，被列宁誉为是"中国十一世纪伟大的改革家"。

王安石在文学中具有突出成就，其诗"学杜得其瘦硬"，擅长说理与修辞，善于用典故，风格遒劲有力，警辟精绝。有《王临川集》、《临川集拾遗》等存世。

游褒禅山记

王安石

原文

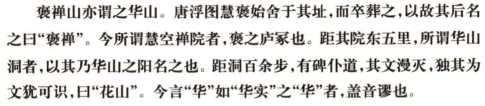

褒禅山亦谓之华山。唐浮图慧褒始舍于其址，而卒葬之，以故其后名之曰"褒禅"。今所谓慧空禅院者，褒之庐冢也。距其院东五里，所谓华山洞者，以其乃华山之阳名之也。距洞百余步，有碑仆道，其文漫灭，独其为文犹可识，曰"花山"。今言"华"如"华实"之"华"者，盖音谬也。

其下平旷，有泉侧出，而记游者甚众，所谓"前洞"也。由山以上五六里，有穴窈然，入之甚寒，问其深，则其好游者不能穷也，谓之"后洞"。予与四人拥火以入，入之愈深，其进愈难，而其见愈奇。有怠(dài)而欲出者，曰："不出，火且尽。"遂与之俱出。盖予所至，比好游者尚不能十一，然视其左右，来而记之者已少。盖其又深，则其至又加少矣。方是时，予之力尚足以入，火尚足以明也。既其出，则或咎其欲出者，而予亦悔其随之，而不得极夫游之乐也。

于是予有叹焉。古之人观于天地、山川、草木、虫鱼、鸟兽，往往有得，以其求思之深而无不在也。夫夷以近，则游者众；险以远，则至者少。而世之奇伟瑰怪非常之观，常在于险远，而人之所罕至焉。故非有志者不能至也。有志矣，不随以止也，然力不足者，亦不能至也。有志与力，而又不随以怠，至于幽暗昏惑而无物以相之，亦不能至也。然力足以至焉，于人为可讥，而在己为有悔。尽吾志也，而不能至者，可以无悔矣，其孰能讥之乎？此予之所得也。

予于仆碑，又以悲夫古书之不存，后世之谬其传而莫能名者，何可胜道也哉！此所以学者不可以不深思而慎取之也。

四人者：庐陵萧君圭君玉，长乐王回深父，余弟安国平父、安上纯父。

译文

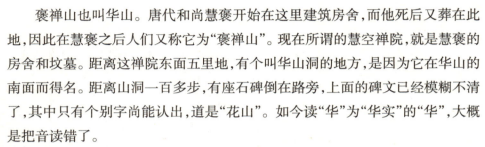

褒禅山也叫华山。唐代和尚慧褒开始在这里建筑房舍，而他死后又葬在此地，因此在慧褒之后人们又称它为"褒禅山"。现在所谓的慧空禅院，就是慧褒的房舍和坟墓。距离这禅院东面五里地，有个叫华山洞的地方，是因为它在华山的南面而得名。距离山洞一百多步，有座石碑倒在路旁，上面的碑文已经模糊不清了，其中只有个别字尚能认出，道是"花山"。如今读"华"为"华实"的"华"，大概是把音读错了。

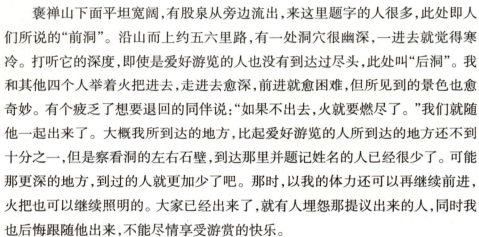

褒禅山下面平坦宽阔，有股泉从旁边流出，来这里题字的人很多，此处即人们所说的"前洞"。沿山而上约五六里路，有一处洞穴很幽深，一进去就觉得寒冷。打听它的深度，即使是爱好游览的人也没有到达过尽头，此处叫"后洞"。我和其他四个人举着火把进去，走进去愈深，前进就愈困难，但所见到的景色也愈奇妙。有个疲乏了想要退回的同伴说："如果不出去，火就要燃尽了。"我们就随他一起出来了。大概我所到达的地方，比起爱好游览的人所到达的地方还不到十分之一，但是察看洞的左右石壁，到达那里并题记姓名的人已经很少了。可能那更深的地方，到过的人就更加少了吧。那时，以我的体力还可以再继续前进，火把也可以继续照明的。大家已经出来了，就有人埋怨那提议出来的人，同时我也后悔跟随他出来，不能尽情享受游赏的快乐。

于是我深有感触。古人观察天地、山河、草木、虫鱼、鸟兽，往往有所收获，这是因为他们探索思考得很深入而且周全。道路平坦、距离很近的地方，那么游人就会很多；而道路艰险，距离又远的地方，游人就会很少。可是世上那奇伟的光怪陆离的胜景，却常常是在艰险而遥远、人们很少走到的地方，所以没有志向的人是不能够到达的。有了志向，就不会跟着别人半途而废了，但是如果体力不足，仍然是不能够到达的。既有志向又有体力，能不随着人家而停下来，但走到幽深昏暗的地方若没有工具来帮助他，还是不能够达到的。那体力充足可以到达而半途而废的，别人就可以讥笑他，而自己若这样就该懊悔了。如果尽了全力还不能到达的话，自己可以不后悔，而旁人又有谁能讥笑他呢？这就是我的心得体会。

我看到倒在路旁的石碑，又因此而惋惜很多古籍不能保存下来，后世以讹传讹而不能弄清真相的事情，那是数不胜数的啊！这就是学者不能不深入思考而谨慎地对待所学知识的缘故啊。

同游的四人是：庐陵的萧君圭，字君玉；长乐的王回，字深父；我的弟弟安国，字平父；安上，字纯父。

作品赏析

宋仁宗至和元年(1054)七月，王安石任舒州(治所在今安徽潜山)通判期满，在离任赴京途中路过褒禅山(在今安徽含山县北)，写下了这篇游记。

这是一篇通过记游而说理的名作。全文主要围绕着两个问题来写。一是用登山探洞的亲身经历，具体生动地论述志、力、物三者之间的关系，指出必须有意志、有能力、有客观物质条件的配合，才能做到深入探索、百折不回；二是由所见残碑，联想到由于古代文献资料的不足，致使后人以讹传讹，弄不清事情的真相，因而提倡学者必须"深思而慎取"。这两点都是从治学的角度来论述的，对其他领域也有启发意义。

本文以游踪为线索，先记游，后议论，议论承上文记游而来，记游为议论作铺垫，由具体事实的叙述到抽象道理的议论，过渡十分自然。在结构上，上述两层意思并不同时叙述，而是以前者为主，后者为从，情理互见，虚实相生，谋篇布局显得灵活而有变化。

小百科 / XiaoBaiKe

19世纪末，河南安阳小屯村的村民在农耕时翻出许多龟甲和兽骨。他们认为这些骨头是一种药材，称其为"龙骨"。后来，一位研究商代青铜铭文的学者王懿荣偶然发现这些骨头上刻有文字，于是对甲骨进行收集。经过反复的研究和确认，王懿荣断定刻在甲骨上的符号是商代通行的文字。从此，这些甲骨摇身一变变成了珍贵的古代文化研究资料。而刻在甲骨上的这些奇形怪状的文字就成了中国最古老的文字——甲骨文。

读《孟尝君传》

王安石

原文

世皆称孟尝君能得士，士以故归之，而卒赖其力以脱于虎豹之秦。嗟乎！孟尝君特鸡鸣狗盗之雄耳，岂足以言得士？不然，擅齐之强，得一士焉，宜可以南面而制秦，尚何取鸡鸣狗盗之力哉？夫鸡鸣狗盗之出其门，此士之所以不至也。

译文

世人都称道孟尝君能够招贤纳士，士人因此也都投奔于他。孟尝君终于依靠他们的力量，能够脱险于如虎似豹的秦国。哼！孟尝君只算个鸡鸣狗盗的首领罢了，怎么能够说是"得士"呢？不然，掌握着齐国的强大国力，即使得到一个士人，也应可以用帝王的姿态而制伏秦国，还用得着鸡鸣狗盗的力量吗？鸡鸣狗盗之流跻身于他的门下，这正是士人不到他那里的缘故啊。

作品赏析

孟尝君即田文，是战国时期齐国的公子。他与赵国平原君赵胜、魏国信陵君魏无忌、楚国春申君黄歇，都以好客养士出名，称为"战国四公子"。其中，孟尝君尤以招纳贤士而著称。司马迁在《史记》中记载了孟尝君的事迹。这篇短文，就是王安石在读了《史记·孟尝君列传》后写下的感想。

王安石在文中一反传统的说法，主旨在于驳倒"孟尝君能得士"这个传统观点。王安石认为"士"必须具有经邦济世的雄才大略，而那些"鸡鸣狗盗"之徒是

根本不配"士"这个高贵称号的。文章借题发挥,反映了作者豪迈的气魄和自负的志向。

　　本文是历代传颂的翻案名篇。文章笔力峭拔,辞气凌厉,缓起陡转,抑扬反复而转折有力。全文仅九十字,无一句碎言闲语,是短文中的精品。

卷七 明文

宋濂(1310～1381),浦江(今浙江义乌)人,字景濂,号潜溪,别号玄真子、玄真道士、玄真遁叟。明初散文家、文学家。自幼好学,早年师从散文大家吴莱、柳贯、黄溍等人,元至正九年被荐为翰林编修,不受,后隐居山中。朱元璋称帝后,任命他为文学顾问、江南儒学提举。他与高启、刘基并称为"明初诗文三大家"。

宋濂擅长散文创作,他善于抓住一些细节来突出人物性格,并通过个性化语言的运用刻画人物,渲染无多,感染却深,因此他笔下的人物形象生动鲜活。代表作有《秦士录》、《王冕传》、《李疑传》等。

送天台陈庭学序

宋 濂

原文

西南山水,惟川蜀最奇。然去中州万里,陆有剑阁栈道之险,水有瞿唐滟滪之虞。跨马行篁竹间,山高者,累旬日不见其巅际;临上而俯视,绝壑万仞,杳莫测其所穷,肝胆为之掉栗。水行则江石悍利,波恶涡诡,舟一失势尺寸,辄(zhé)糜(mí)碎土沉,下饱鱼鳖(biē)。其难至如此!故非仕有力者,不可以游;非才有文者,纵游无所得;非壮强者,多老死于其地。

嗜奇之士恨焉。

　　天台陈君庭学，能为诗，由中书左司掾，屡从大将北征有劳，擢四川都指挥司照磨，由水道至成都。成都，川蜀之要地。扬子云、司马相如、诸葛武侯之所居，英雄俊杰战攻驻守之迹，诗人文士游眺饮射、赋咏歌呼之所，庭学无不历览。既览必发为诗，以纪其景物时世之变，于是其诗益工。越三年，以例自免归，会予于京师；其气愈充，其语愈壮，其志意愈高；盖得于山水之助者侈矣。

　　予甚自愧，方予少时，尝有志于出游天下，顾以学未成而不暇；及年壮可出，而四方兵起，无所投足；逮今圣主兴而宇内定，极海之际，合为一家，而予齿益加耄矣！欲如庭学之游，尚可得乎？

　　然吾闻古之贤士，若颜回、原宪，皆坐守陋室，蓬蒿没户，而志意常充然，有若囊括于天地者，此其故何也？得无有出于山水之外者乎？庭学其试归而求焉。苟有所得，则以告予，予将不一愧而已也！

译文

　　大西南的山水，其中四川最为奇异。但是它距离中原有万里之遥，走旱路有剑阁、栈道的艰险，行水路有瞿塘峡、滟滪滩的险滩。骑马行走呢，则那竹林高山，接着走上十来天还看不见它的边沿或峰顶，从上面低头一看，陡峭的山谷有万丈深，渺渺茫茫看不到底部，让人胆战心惊。在水上航行呢，则那江中礁石锋利，波涛凶恶，旋涡险怪，船舶离开航线不过尺寸之间，就会碰得粉碎而沉溺于泥沙，在水下喂了鱼鳖。它的路途是如此的艰难！所以不是做官或有财力的，是不能到此游览的；不是有文学教养的，纵然游览了也没有什么收获；不是年富力强的，大都要因老因病而死在那里。嗜好奇景异情的人士常常因此而感到遗憾。

　　天台陈庭学君，能写诗歌。他由中书左司掾的官做起，多次随从大将北伐，立了功，提升为四川都指挥司的照磨，途经水路到了成都。成都是四川的要地，

又是扬雄、司马相如、诸葛武侯的故居所在，凡是英雄俊杰所进军驻守的遗址，文士所游览、宴会行令、赋诗唱歌欢呼的地方，庭学没有不观览过。游览之后又写了诗歌，来表现其景物和时世的变迁，于是他的诗歌写得更工致了。过了三年，他按惯例辞职还家。于京师会见我时，他的气势更加充沛，他的话语更加豪壮，他的志向意气越发高远了，这应是得到山水的很大帮助吧。

我很惭愧，当我年轻时，曾经希望游遍天下，考虑到学业未成而没有余暇。待到成年以后，却正值战乱兴起，连个落脚的地方也没有。等到如今圣明天子兴起而天下安定，一直到四海之内都合成一家了，可是我已是越来越衰老了。若想如庭学一样游历，又怎能办到呢？

但是我曾听说古代的贤士，如颜回、原宪等，都是居住在简陋的屋舍里，蓬蒿杂草长得遮住了门户，然而他们的志向却总是很远大，好似能包容整个天地万物一般，这是什么缘故呢？莫非是他们的学业有高于山水之外的东西吗？庭学回家后是否能试验探求一番呢？如果有所收获，就请把心得告诉我，我将不会只是惭愧一下就算了啊！

作品赏析

本文是一篇赠序，作者借题发挥，借送别论诗文创作。作者赞同"读万卷书，行万里路"的观点，文章前半部分，主要赞赏川蜀山水名胜之游对陈庭学作诗功力的补益；后半部分，又翻笔作势，更进一程。先自称"余甚自愧"，因种种主客观因素，生平游历不广；又提出"有出于山水之外"的观点，含蓄地提醒陈庭学作诗除游历外，更要注重提高学识修养，使自己"志意常充然，有若囊括于天地者"。本文体现了一位长者对后辈小生语重心长的劝导，全文娓娓道来，恳切诚挚。

青少年美绘版　经典名著书库
QINGSHAONIAN MEIHUIBAN
JINGDIAN MINGZHU SHUKU

方孝孺(1357~1402)，字希直，又字希古，浙江宁海人，明代著名学者、文学家、散文家、思想家。曾以"逊志"名其书斋，蜀献王替他改为"正学"，故世称"正学先生"。

方孝孺自幼聪明好学，乡人称他为"小韩（韩愈）子"，足见其文学天赋和文学影响。方孝孺著作甚丰，有《周礼考次》、《大易枝辞》、《武王戒书注》、《宋史要言》、《帝王基命录》、《文统》等，今仅存《逊志斋集》24卷。

豫让论

方孝孺

原文

士君子立身事主，既名知己，则当竭尽智谋，忠告善道，销患于未形，保治于未然，俾身全而主安。生为名臣，死为上鬼，垂光百世，照耀简策，斯为美也。苟遇知己，不能扶危于未乱之先，而乃捐躯殒命于既败之后，钓名沽誉，眩世炫俗，由君子观之，皆所不取也。

盖尝因而论之。豫让臣事智伯，及赵襄子杀智伯，让为之报仇，声名烈烈，虽愚夫愚妇，莫不知其为忠臣义士也。呜呼！让之死固忠矣，惜乎处死之道有未忠者存焉。何也？观其漆身吞炭，谓其友曰："凡吾所为者极难，将以愧天下后世之为人臣而怀二心者也。"谓非忠可乎？及观斩衣三跃，襄子责以不死于中行氏而独死于智伯，让应曰："中行氏以众人待我，我故以众人报之。智伯以国士待我，我故以国士报之。"即此而论，让有余憾矣。段规之事韩康，任章之事魏献，未闻以国士待之也，而规也、章也，力劝其主从智伯之请，与之地以骄其志，而速其亡也。郄(xì)疵之事智伯，亦未尝以国士待之也，而疵能察韩、魏之情以谏智伯，虽不用其言以至灭亡，而疵之智谋忠告，已无愧于心也。让既自谓智伯待以国士矣。国士，济国之士也。当伯请地无厌之日，纵欲荒暴之时，为让者，正宜陈力就列，谆谆然而告之曰："诸侯大夫，各安分地，无相侵夺，古之制也。今无故而取地于人，人不与，而吾之忿心必生；与之，则吾之骄心以起。忿必争，争必败；骄必傲，傲必亡。"谆切恳至，谏不从，再谏之；再谏不从，三谏之；三谏不从，移其伏剑之死，死于是日。伯虽顽冥不灵，感其至诚，庶几复悟，和韩、魏，释赵围，保全智宗，守其祭祀。若然，则让虽死犹生也，岂不胜于斩衣而死乎？让于此时，曾无一语开悟主心，视伯之危亡犹越人视秦人之肥瘠也。袖手旁观，坐待成败，国士之报，曾若是乎？智伯既死，而乃不胜血气之悻悻，甘自附于刺客之流，何足道哉？何足道哉？

虽然，以国士而论，豫让固不足以当矣；彼朝为仇敌，暮为君臣，觍觍（miǎn）然而自得者，又让之罪人也。噫！

译文

具有君子美德的士人以奉事主君，既然已被称作是君主的知己就应该竭尽自己的智慧，给予忠告并善于开导，消弥祸患于未形成之际，保障安定于不出灾难之前，使自身得以保全而主君也能平安。这样，活着作为名臣，死了也能成为高尚的英灵，光辉名垂于百代，照耀在史籍典册之中，这才是美好的啊。倘若遇到知己的主君，不能扶救危险于未乱之先，而只是牺牲生命于失败之后，以此来沽名钓誉，借以迷惑世间并夸耀于俗人，从君子的眼光看来，都是很不足取的。

我曾持这观点来评论豫让。豫让以家臣的身份来奉事于智伯，当赵襄子杀了智伯以后，豫让为他报仇，忠义的声名显赫，即使是愚昧的男子和无知的妇女，也没有不知道他是忠臣义士的。哦！豫让的死应该是忠心的了，可惜的是他安排怎样去死的方式还存有不足称为忠心的差距哩。为什么呢？试看他漆身吞炭后，向他朋友说："凡我所做的都是极其艰难的事，我将以此来使天下后世为人臣而怀二心的人感到惭愧。"能说这不是忠心吗？但看到他劈斩衣服连跳三次时，赵襄子责问他不为中行氏而死，而单单为智伯而死，豫让回答说："中行氏以对待普通人的态度来待我，我因此也用普通人的姿态来回报他。智伯以对待国士的态度来待我，我所以用国士的行为来报答他。"就这一点来分析，豫让的死是有遗憾的。比如段规的奉事韩康子，任章的奉事魏桓子（原文是"魏献"，当是作者的误记），并未听说曾以国士来对待他们，可是不管是段规还是任章，都竭力劝说其主君依从智伯的要求，用割让给他土地来促使智伯的心情越来越骄纵，从而加速他的灭亡。郗疵奉事智伯，智伯也未曾以国士来对待他，但是郗疵能觉察出韩、魏的情况就去谏止智伯，虽然智伯不采纳他的话以至于灭亡，然而郗疵的智谋及其忠告，已经做到问心无愧了。豫让既然自己说是智伯以国士对待他，国士就是救国之士嘛！当智伯索求土地而贪心不足之时，纵欲肆暴之时，作为国士的豫让，正应该拿出自己的能力站在应有的地位上，谆谆地告诫他："诸侯和大夫都应该安守各自的分地，不应互相争夺，这是自古以来的制度。如今无故索取土地于人家，人家不给，我们必然要心生气愤；人家给了，那我们就必然要心生骄气。气愤必定会争夺，争夺必然会失败；骄纵必定要傲慢，傲慢必然要灭亡。"说得谆谆亲切而态度又极其诚恳，劝谏不听，就再一次谏；再谏不听，就第三次劝谏他；三谏若不从，把那事后的"伏剑而死"的日子移到这一天。智伯纵然是冥顽不化，也会为他的至诚所感动，很可能又醒悟过来的。这样一来就会与韩、魏和好，解除赵国的围困，保全了智氏的宗族，使其世代保持祭祀祖先的礼仪。如能这样，那豫让就是虽死而犹生的，岂不是胜过斩衣而死吗？豫让在当时，从没有用一句话来启发觉悟主君的心，眼看着智伯陷于危险以致灭亡，好似越国人看着秦国的人，不管他是富是贫一样。袖手旁观，坐等胜败，所谓"国士"的报答，能是这样的吗？待到智伯已经死了，才气愤得控制不住自己，甘心把自己附在刺客之流的行列中，这有什么可称道的，有什么可称道的啊！

虽是如此，以"国士"而论，豫让固然是承当不起的。但那种早上还是仇敌，到了晚上就成了君臣，并且厚着脸皮而自鸣得意的人，在豫让面前却又成为罪人了。咳！

作品赏析

　　豫让是春秋战国时期晋国人，曾为中行氏家臣，因不受重用，去而事智伯。赵、韩、魏三家灭晋后，他为智伯报仇，改名换姓，潜入赵襄子宫中，后又以漆身吞炭的办法伪装疯哑，一再行刺，均未成功。被抓获后，他要求赵襄子将衣服脱给他，他对着衣服，三跃而以剑击之，然后伏剑自尽。本文认为，豫让这个历来被人赞颂的人物，虽有为报人主之恩而"捐躯殒命"的壮举，但称不上是一位"国士"。真正的忠义之士，应以国家利益为重，敢于直言谏君，使君主能"销患于未形，保治于未然"，而不能仅在祸患之后，凭匹夫之勇，以显忠臣之名。

　　刘基(1311～1375)字伯温，浙江青田(今浙江省文成县)人，故时人称他刘青田。明洪武三年(1370)封诚意伯，故又称他为刘诚意。武宗正德九年追赠太师，谥"文成"，后人又称他刘文成、文成公。

　　刘基博览群书，诸子百家无一不窥，通经史、晓天文地理、精兵法数学。洪武开国之前，刘基受命卜地拓建南京城，后授太史令，与李善长、杨宪、傅献等一起定律令。开国以后奏立《军卫法》。他辅佐朱元璋完成帝业、开创明朝并尽力维护国家的和平与安定，因此后人称其有魏徵、诸葛孔明之才华。朱元璋多次称刘基为"吾之子房也"。主要著作有《郁离子》。

卖柑者言

刘　基

原文

　　杭有卖果者，善藏柑，涉寒暑不溃。出之烨(yè)然，玉质而金色。剖其中，干若败絮。予怪而问之曰："若所市于人者，将以实笾豆，奉祭祀，供宾客乎？将炫外以惑愚瞽乎？甚矣哉，为欺也！"

卖者笑曰："吾业是有年矣，吾业赖是以食吾躯。吾售之，人取之，未闻有言，而独不足子所乎？世之为欺者不寡矣，而独我也乎？吾子未之思也。今夫佩虎符、坐皋比者，恍恍乎干城之具也，果能授孙、吴之略耶？峨大冠、拖长绅者，昂昂乎庙堂之器也，果能建伊、皋之业耶？盗起而不知御，民困而不知救，吏奸而不知禁，法斁(dù)而不知理，坐縻(mí)廪粟而不知耻。观其坐高堂，骑大马，醉醇醴(lǐ)而饫肥鲜者，孰不巍巍乎可畏，赫赫乎可象也？又何往而不金玉其外、败絮其中也哉？今子是之不察，而以察吾柑！"

予默默无以应。退而思其言，类东方生滑稽之流。岂其忿世嫉邪者耶？而托于柑以讽耶？

译文

杭州有个卖水果的，善于储藏柑子，柑子经过一冬一夏也不腐烂。摆出来光彩四溢，质地宛如美玉而颜色犹如黄金。剥开它一看里面，却干瘪得像破旧棉絮一样。我质问他说："你卖给人家的这种东西，是准备让人盛在竹盘陶碟里，祭祀奉献或供奉宾客呢，还是想要炫耀外表欺瞒傻子、瞎子呢？你这骗人的手段太过分了！"

卖柑子的人笑笑说："我干这一行已经很多年了，我是靠着它养活自己。我卖它，人家买它，从来没有听到人说闲话，为什么唯独不合您的心意？世上弄虚作假的人很多，难道只有我吗？只不过先生您没有仔细想过这个问题。如今那些佩戴着虎符、坐虎皮椅子的人，威风凛凛好像是国之栋梁，他们真的有孙武、吴起一样的韬略吗？那些高高地戴着大纱帽、拖着长带子的人，神气十足好像是朝廷重臣，他们真的能建立伊尹、皋陶一样的功勋吗？盗贼来了不知道抵御，人民穷困了不知道救济，官吏作奸犯科不知道制止，法纪败坏了不知道整顿，白白地消耗国家俸禄而不知羞耻。瞧他们住的是高堂大厅，骑的是高头大马，饮的是美酒甘露，食的是肥羊鲜鱼，哪一个不是威风凛凛令人敬畏，气势显赫使人羡慕呢？然而他们又何尝不是外表像金玉、里面像破旧棉絮的人呢？如今先生不追究这些，倒来追究我的柑子！"

我默然无语。回来想想他的话，觉得他是类似东方朔那种滑稽玩世的人物。难道他也是愤世嫉俗的人吗？他是借用柑子来讽刺世事吗？

作品赏析

这是一篇优秀的讽刺小品，约作于元朝末年。作者对当时的社会现实有着较为清醒的认识，他借卖柑者之口，尖锐地揭露了那些坐高堂、骑大马，腰金衣紫，神气十足的文武大臣，其实都是些不懂用兵、不会治国的蠢才，如同"金玉其外，败絮其中"的柑子，表现出作者愤世嫉俗之情。本文构思新奇，寓意深刻。结构上采用由远及近、由表入里的方法，使文章层次分明。形式上运用问答的方式，不仅深化了主题，而且使文章情趣、词锋、气势和感情色彩都为之生辉。二百来字的短文，读来有酣畅淋漓之感。

小百科 / XiaoBaiKe

在中国五千年的历史文明进程中，也出现了一些能预言未来的"先知"。与国外的"先知"不同，我们的"先知"不止预言，还写以文字，将思想传承后人。我国历史上十大预言之书有姜尚的《乾坤万年歌》，诸葛亮的《武侯百年乩》《马前课》，步虚大师的《步虚大师预言》，李淳风的《藏头诗》，李淳风和袁天罡的《推背图》，黄檗希运的《黄檗禅师诗》，邵雍的《梅花诗》，刘伯温的《金陵塔碑文》和《烧饼歌》。

图书在版编目(CIP)数据

古文观止 / (清)吴楚材,(清)吴调侯选编. -- 杭
州:浙江人民出版社,2013.1
 (青少年美绘版经典名著书库 / 崔钟雷主编)
 ISBN 978-7-213-05210-1

 Ⅰ. ①古… Ⅱ. ①吴…②吴… Ⅲ. ①古典散文 – 散
文集 – 中国② 《古文观止》 – 青年读物③ 《古文观止》 –
少年读物 Ⅳ. ①H194.1–49

中国版本图书馆 CIP 数据核字 (2012) 第 267074 号

古文观止

作　　者	(清)吴楚材　吴调侯　选编　　崔钟雷　编译
丛书策划	钟　雷
丛书主编	崔钟雷
副 主 编	石冬雪　吕延林　王春婷
出版发行	浙江人民出版社
	杭州市体育场路 347 号
	市场部电话:(0571)85061682　85176516
责任编辑	毛江良
装帧设计	稻草人工作室
印　　刷	洛阳和众印刷有限公司
开　　本	787 毫米 × 1092 毫米　1/16
印　　张	12
字　　数	19 万
版　　次	2013 年 1 月第 1 版·第 1 次印刷
书　　号	ISBN 978-7-213-05210-1
定　　价	19.80 元

如发现印装质量问题,影响阅读,请与市场部联系调换。